부모,
아이의 성장판

서툰 부모의 자녀 읽기

부모, 아이의 성장판

초판 1쇄 발행 2023년 4월 15일

지은이 한재훈 · 양복심
삽화 한승아 · 한지빈
펴낸이 장현수
펴낸곳 메이킹북스
출판등록 제 2019-000010호

디자인 최미영
편집 최미영
교정 안지은
마케팅 장윤정

주소 서울특별시 구로구 경인로 661, 핀포인트타워 912-914호
전화 02-2135-5086
팩스 02-2135-5087
이메일 making_books@naver.com
홈페이지 www.makingbooks.co.kr

ISBN 979-11-6791-348-7(03370)
값 16,800원

ⓒ 한재훈 · 양복심 2023 Printed in Korea

잘못된 책은 구입하신 곳에서 바꾸어 드립니다.
이 책의 전부 또는 일부 내용을 재사용하려면 사전에 저작권자와 펴낸곳의 동의를 받아야 합니다.

홈페이지 바로가기

메이킹북스는 저자님의 소중한 투고 원고를 기다립니다.
출간에 대한 관심이 있으신 분은 making_books@naver.com으로 보내 주세요.

학교현장갈등관리활용서

부모,
아이의 성장판

한재훈·양복심 지음

메이킹북스

CONTENT

프롤로그   008

Part. 1 자녀의 성장판 읽기

1. 운동과 놀이   **017**
2. 배움   **025**
3. 불안이라는 감정 읽기   **035**
4. 집중과 분산   **041**
5. 친구와 협력   **049**
6. 평균과 자기과신   **057**
7. 경쟁과 진화   **067**
8. 집단과 혐오   **077**
9. 성(性), 성인지감수성   **087**
10. 아이의 관계에 대한 노력   **103**

11	아이의 심리적 곤란함	113
12	자존감	127
13	길들임	137
14	학교폭력의 라쇼몽	147
15	인공지능	159
16	갈등, 승자와 패자	171
17	회복적 정의 – 회복적 조정	183
18	피해당사자 편: 아이가 학교폭력의 피해당사자가 되었을 때	195
19	행위당사자 편: 아이가 학교폭력의 행위당사자가 되었을 때	207

Part. 2 학교폭력 유형별 조정사례

Case 1.	집단 따돌림(괴롭힘) 사안	219
Case 2.	아동에 대한 학부모 문제	229
Case 3.	신체 폭행(집단) 사안	239
Case 4.	사이버폭력 사안	251

Part. 3 학부모가 알아야 할 절차와 기구

학부모가 알아야 할 절차와 기구   262

    학교폭력 | 전담기구 | 학교장 | 학교장 자체해결
    학교폭력대책심의위원회 | 심의위원회의 조치
    행정심판 | 행정소송
    성 관련 사안
    학생생활교육위원회
    교권보호위원회
    학생징계조정위원회
    교육인권센터(교직원에 의한 학생 인권침해 사안)
    관계회복을 위한 조정지원단(회복적 조정)
    생활기록부 조치 기재
    소년 사건 | 아동학대

에필로그   284

힘겨운 시간과 싸우는 학생과 부모, 그리고 선생님들에게
회복을 찾아가는 여행에 동참해 주시길 바라며,

프롤로그

학교는 배우는 곳입니다. 지식과 지혜를 배웁니다.

학교는 만나는 곳입니다. 선생님과 새로운 세상을 만나고 무엇보다 친구를 만납니다.

학교는 떠나는 곳입니다. 아이는 학교를 떠나야 삶의 진정한 시작을 할 수 있습니다.

학교는 돌아오는 곳입니다. 학교를 떠나 그 배움의 모두를 삶의 전장에서 통렬히 쏟아낸 후 다시 돌아와서 자기를 돌아볼 수 있는 기준이 되는 공간입니다.

그리고 학교는 부딪치는 곳입니다.

이 책은 이 부딪침, 바로 갈등에 대한 이야기입니다.

물론 아이들은 삶의 최초의 출발 공간인 가정에서도 갈등을 겪지만, 그것은 가족이라는 결코 끊어지지 않는 유대를 전제로 하기 때문에 특별히 근원적으로 해결되지 않아도 웬만해선 그 울타리를 유지합니다. 부모와의 갈등이 아이의 삶에 심각한 영향을 주는 경우도 많지만 결국 가정은 대부분의 경우 구성원들을 돌아오게 하는 구심력을 갖습니다. 가정은 다른 어떤 집단보다 높은 탄성을 지닙니다.

하지만 학교는 가정만큼의 인력(引力)이 없습니다. 부딪치고도 아무렇지도 않게 원래대로 돌아가지 못할 수도 있는 어쩌면 최초의 공간입니다.

그럼에도 학교는 나름의 당기는 힘이 있습니다. 교사, 학생, 학부모, 학교라는 건물, 운동장, 그리고 그 안의 기억들까지 포함해서 합일된 목표들이 존재합니다. 아이들이 평화롭고 안전하게 자라도록 하겠다는 목표, 아이들이 행복하게 학교에 다닐 수 있도록 해 주고 싶다는 어른들의 바람이 학교의 울타리를 만들어 갑니다. 그래서 사회의 일반 조직에는 붙이지 않는 '공동체'라는 말을 붙입니다.

아이들이 학교에서 갈등을 겪는 것은 자연스러운 일입니다. 전혀 다른 세상에서 살아온 각자의 개체들이 아무렇지도 않게 서로에게 스며들 수는 없는 노릇입니다. 우리는 이 갈등을 통해 아이들이 성장하기를 바랍니다. 그래야 어른이 되어 사회로 나갔을 때 그 사회의 아주 약한 탄성력에도 돌아올 수 있는 힘^{회복탄력성}을 지니게 될 겁니다. 그러기 위해서 아직 서툰 아이들에게 어른들의 교육은 필수적입니다. 경쟁에서 이기기 위한 싸움의 방법을 가르치는 것도 의미가 아주 없다고 할 수는 없겠지만, 함께 헤쳐나가고 함께 회복하는 협력의 경험을 할 수 있도록 해야 합니다. 그런 의미에서 어른의 싸움으로 아이들의 싸움을 대신하려는 것은 아이의 성장에 방해가 될 수도 있습니다.

"원고, 둘째 딸이 이 세상에서 제일 무서워하는 게 뭔지 알아요? 벌레예요. 그중에서도 나방이 제일 무섭답니다. 첫째 딸 소원은 뭔지 아세요? 방탄소년단 공연 보러 가는 거랍니다. 뭐 솔직히는 박보검 닮은 옆 반 반장하고 가는 거구요. 아이들은 모두 하나하나가 새로운 세계입니다. 원고의 평생 소원이 마당 넓은 시골집. 아름답죠. 하지만 아이들의 꿈은 아닙니다. 아이들은 이미 자기 세계 속에서 자기 꿈을 키우기 시작했어요. 아이들은 아빠를 기다려주지 않고 훌쩍 먼저 커버리죠. 원고 미안합니다. 원고 자신의 고통 때문에 아이들 세계를 지켜줄 수 있는 마음의 여유마저 잃어버린 것 같군요. 지금 법이 원고에게 해 줄 수 있는 것은 아무것도 없어요. 법보다 훨씬 더 현명한 시간의 힘으로 이 가정의 상처를 치료할 수 있기를 기도할 뿐입니다."

드라마 〈미스 함무라비〉에서 아이를 키울 형편이 못 되면서도 양육권을 주장하는 아빠에게 판사(성동일 분)가 건네는 말입니다.

아이들은 모두 하나하나가 새로운 세계이며, 부모의 평생소원이 곧 아이들의 꿈은 아니고, 아이들은 이미 자기 세계 속에서 자기 꿈을 키우기 시작했다는 말입니다.

아이는 자랍니다. 아이가 자라는 목표는 부모로부터 독립하기 위해서라고 합니다. 그것은 아이의 새로운 세계가 차곡차곡 쌓여 가면서 이루어집니다. 그렇다면 부모의 목표는 무엇일까요? 아이러니하게도 아이를 키우는 부모의 목표 역시 아이로부터 독립하는 것이어야 한다고 합니다.

아이는 떠나고 싶어 하지만 부모는 아이를 끝내 붙잡고 싶어 합니다. 아이를 독립시키고자 하면서도 아이를 끝내 놓고 싶어 하지 않는 부모의 이런 모순적인 감정은 곳곳에서 드러납니다. 그것이 가장 극명하게 드러날 때가 피해자든, 행위자든 학교폭력의 당사자로 내 아이가 지목됐을 때입니다. 아이의 싸움을 부모의 싸움으로 대체하고 그 싸움의 결과로 내 아이를 다시 묶어둘 수 있을 것을 바랍니다.

하지만 아이는 끝내 독립할 것입니다. 그때가 되면 아이들은 적절하게 독립해야 합니다. 부모가 아이의 대리전을 치르면서 아이는 갈등에 대처하는 힘, 문제를 해결하는 능력 등 독립에 필요한 내공을 채우지 못해서는 안 됩니다. 아이가 자존감 있는 어른으로 성장하지 못한다면 그것은 어른의 책임입니다.

아이가 각자의 세계 속에서 자기의 꿈을 스스로 만들어갈 수 있도록 어른의 조바심을 아주 조금은 내려놓고 아이의 속도에 맞출 수 있기를 바랍니다.

 엄마와 아빠의 평균 키에 남자는 6.5㎝를 더하고, 여자는 6.5㎝를 빼면 아이가 어른이 되었을 때의 키를 가늠할 수 있다고 합니다. 그러니까 엄마의 키가 160cm이고 아빠의 키가 170cm이면 평균이 165cm가 되므로 남자아이는 171.5cm, 여자아이는 158.5cm가 예상키가 됩니다. 여기에 운동, 수면, 식생활, 그리고 엄마, 아빠 각자의 유전자적 요인까지 더해져서 ±5㎝의 편차가 있다고 하네요.
 마음의 성장도 예상될 수 있으면 얼마나 좋겠습니까? 하지만 내면의 성장은 태어나면서부터의 예상치가 없습니다. 어떤 성장 환경에서 자라느냐가 중요하고, 더불어 부모, 교사, 학교 공동체 공동의 노력이 필요합니다.
 하지만 교사와 학교가 아이의 성장을 돕는 역할을 하기 위해서는 부모가 신뢰를 보여주면서 긍정적인 관계를 유지해야 합니다. 결국 아이 마음의 키가 어느 정도로 성장할 것인가는 엄마, 아빠에게 달려 있습니다.
 부모는 아이의 성장판입니다.

2023년 3월

Part 1

자녀의 **성장판**읽기

1.

운동과 놀이
[뇌, 심장, 근육 건강한 성장]

"아이들의 발달유형은
언어형, 신체형, 인지형, 정서형, 관계형 5가지로 나누어 볼 수 있습니다.
이 모든 영역이 균형 있게 발달하는 것이 무엇보다 중요한데요,
그 연결고리가 바로 놀이와 운동입니다.
부모와의 긍정적인 소통은 가장 좋은 자극이며 상호작용입니다.
놀이는 사회화의 첫걸음이며 관계를 잇는 특별한 선물이에요."

- ENA. '오은영게임' 중에서 -

우리 몸을 구성하는 여러 기관들 중 비중 대비 가장 많은 칼로리를 소비하는 곳은 어디일까요? 바로 뇌와 심장입니다.

워싱턴 대학의 마커스 라이크 교수에 따르면 "성인 몸무게 중 2%에 불과한 뇌 신경세포에서 사람이 사용하고 있는 전체 에너지의 약 20% 정도를 사용하고 있다"고 합니다.

뇌가 이처럼 '칼로리 먹는 하마'가 된 이유는 우리의 생명 활동 전부를 컨트롤하고 있기 때문입니다. 완전히 그 이유가 밝혀지지는 않았지만 뇌는 비활성상태에 있을 때에도 ^{예를 들어 식물인간일 때에도} 여전히 절반 이상의 많은 에너지를 사용한다고 합니다.

단 칼로리 소비가 뇌 사용량에 비례하지는 않아서 두뇌를 풀가동하더라도 에너지 소비는 매우 순간적으로 이루어지며 실제로 열량 소비에 미치는 영향은 5% 정도 더 늘릴 수 있다고 합니다.

그래서 부모가 '아하! 우리 아이 살 빼려면 열심히 공부시키면 되겠구나'라는 유혹을 느끼더라도 다이어트에 성공할 가능성이 크지 않습니다. 인간 몸의 구조가 그렇게 쉽게 지름길을 허용하는 구조는 아니라는 뜻이죠.

이런 의미에서 라이크 교수는 "살을 빼기 위해서라면 억지로 뇌를 혹사하기보다 차라리 그 시간에 방안을 서성이기라도 하는 것이 칼로리 소비에 더 도움이 된다"고 말합니다.

심장은 무게가 평균 330g 정도로 몸무게의 0.5% 정도이지만 심장 박동을 유지하기 위한 에너지는 6% 정도 필요합니다. 당연하게도 우리가 긴장, 분노, 슬픔 등 격렬한 감정을 느끼면서 심장 박동이 빨라지면 에너지 소모가 그만큼 많아지게 됩니다.

우리 몸의 40% 정도는 근육이 차지하는데 근육은 우리가 아무 일도 하지 않을 때에도 칼로리의 20%를 사용합니다.

뇌는 우리가 아무 일도 하지 않는 것 같을 때도 끊임없이 일합니다. 여러 가지 공상이나 불안, 꿈 이런 것들로 채우면서 우리 자신의 존재에 대해 연속적인 느낌을 주어 뇌는 멍한 순간에도 나의 자아정체성을 유지하게 해 줍니다.

이처럼 쉬지 않고 정보를 처리하는 뇌와 생명 활동에 직결되는 심장과 비교해서 근육이 아무 일도 하지 않고 20%를 사용한다는 것은 에너지 낭비일 수 있겠지요. 근육은 에너지 효율 면에 있어서 사치재가 됩니다. 인간의 몸이 이런 비효율적인 상황을 그대로 놔둘 리가 없습니다. 그래서 아무 일도 하지 않는 근육이라면 우리 몸은 그것을 퇴화시켜서 에너지가 쓸데없이 낭비되는 것을 줄이고자 합니다. 이른바 근력의 손실이 발생하는 것이지요.

또 이것과는 별도로 근육은 30세를 기점으로 매년 1%씩 감소한다고 알려져 있습니다.

그런데 근육은 골격과 함께 신체를 지탱하며, 심장과 함께 피를 순환시키고, 면역 시스템에서도 역시 중요한 역할을 합니다. 근육이 감소되면 단순히 몸이 쉬 피로해지는 것으로 끝나는 것이 아니라 혈관, 간, 심장 등 우리 몸 전체에 영향을 끼치게 됩니다.

인간 이외의 다른 동물은 일반적으로 근손실이라는 경향성을 보이지 않습니다. 곰이 수개월 겨울잠을 잔다고 해도 근손실은 발생하지 않으며, 특별한 대비 운동을 하지 않아도 떠나야 하는 계절이 되면 철새는 수천 km을 날아갑니다. 인간에게만 불공평해 보이는 것 같은 이런 상황은 어찌 보면 호모 사피엔스 이후 생각하고 학습해야 하는 인간의 숙명 같은 효율성으로 보아야 할 것입니다.

30세 이전까지, 특히 청소년기에 성장한 근육이 우리 몸을 평생 지탱해주는 원천이 된다고 합니다. 그런데 점점 많은 아이들은 근육이 성장하는 대신에 체지방이 늘고 있습니다. 그만큼 건강이 위험해지고 있다는 뜻입니다.

 아이들의 근육 감소를 막을 수 있는 약은 약국에 없습니다. 사실 굳이 의사를 찾아가지 않아도 우리는 이미 단 하나의 처방전을 알고 있습니다. 바로 운동입니다. 운동은 우리 아이들의 두뇌 발달에도 필수적입니다. 운동을 하면 뇌신경세포인 뉴런과 해마의 역할을 증대시켜 집중력과 기억력이 좋아지고 몸과 뇌 사이의 정보 전달도 더 원활해진다고 알려져 있습니다.

 에너지 소비와 관련해 신생아는 무려 75%, 사춘기 전인 10~11세 청소년들은 어른의 1.5배인 35%를 뇌 활동을 위해 사용한다고 합니다. 아이들은 또한 어른들보다 훨씬 신나고, 훨씬 긴장도 느끼면서 풍부하고 격정적인 감정을 겪는 순간들도 많아서 아마 심장 박동의 에너지 소비에도 조금은 영향을 줄 것입니다.

 이런 신체적 상황이라면 아이들은 굳이 특별히 종목을 정하면서 집중적으로 운동을 하지 않고 그저 단순히 뛰어놀기만 해도 건강해지기에 충분한 에너지가 소비될 수 있습니다.

 그러니까 하루 종일 가만히 책상에 앉아만 있거나, 침대에 누워 스마트폰과 게임에 빠져 있는 것만 아니라면 우리 아이들은 건강해질 가능성과 학습 능력이 향상될 가능성이 훨씬 커집니다.

 아마 30세를 넘으셨을, 그래서 매년 1%씩 근육이 감소하는 위험에 처한 부모와 어른들 모두 아이와 오랫동안 행복해지기 위해 아이와

1. 운동과 놀이

함께 운동하거나 몸으로 함께 놀아주는 시간을 갖는 것은 어떨까요? 만약 사정이 여의치 않다면 적어도 아이에게 몸으로 뛰어놀 수 있는 시간은 꼭 마련해 주시기 바랍니다.

2.

배움
[뇌가소성, 변화에 대한 적응, 이야기 쓰기]

"부모의 진심 여부와 상관없이 아이가 겪는 모든 문제해결을 부모가 대신하게 되면 이것은 내 아이가 언제까지고 '변화에 대한 적응'을 하지 못하도록 방해하는 결과를 낳습니다."

- 저자의 글 중에서 -

'**뇌**가소성'neuroplasticity이라는 개념이 있습니다. 뇌가소성이란 뇌가 외부의 자극이나 환경변화에 대응하기 위해 그에 맞춰서 변화하려는 특성을 말합니다.

예전에 사람의 뇌는 어린 시절에만 학습이 가능하고 회복이 불가능하다고 알려졌었지만 이후 성인의 뇌에도 새로운 뉴런이 자란다는 것이 연구를 통해 밝혀졌습니다. 그래서 지금은 우리의 뇌가 최적의 상태를 위해 평생 변화하는 것으로 받아들여지고 있습니다.

이러한 뇌가소성 개념에 의거해 오늘날의 뇌과학에서는 뇌를 어떻게, 얼마나 활용하는가에 따라 인간이 환경에 최적으로 대응할 수 있도록 뇌의 신경망을 최적화한다고 합니다.

그러니까 이제 "나이가 들어서 뇌가 굳었다"라는 말은 뇌과학적으로는 핑계가 돼버렸다는 뜻이지요.

인터넷에 '태어나자마자 걷는 동물'을 쳐보면 기린, 코뿔소, 노루, 산양, 고라니, 소, 말 등이 뜹니다. 이 동물들은 태어난 지 한두 시간만 지나도 걸을 수 있거나 심지어 뛰기도 한답니다. 하지만 인간은 안 그렇죠. 대략 걷는 데만 1년 정도는 걸립니다.

먹이를 스스로 찾아 배고픔을 해결하는 것 역시 다른 동물들과 달리 인간은 10년 정도는 걸려야 할 겁니다. 물론 요즘은 편의점에서 돈을 주면 빠르게 해결할 수도 있긴 하지만요.

이처럼 사람으로 태어나서 그 독립된 생존을 위해 하루하루를 살아가는 것이 인간에게는 어찌 보면 꽤 지루한 과정입니다.

태어난 동물이 성체로 독립하는 시기를 보자면 코모도왕도마뱀은 출생 직후, 고양이는 8주, 캥거루는 8개월, 늑대 호랑이 사자 등은 대략 2년이 걸려 스스로 생존 독립을 선언한다고 합니다. 이에 비해 한국에서 태어난 인간은 스스로 생존할 수 있을 때까지 대략 19년이 걸립니다. 부모 품에서 떠나지 않는 캥거루족인 경우는 독립까지 30년이 걸릴 수도 있습니다.

태어나자마자 걷는 동물들에게 생존이란 새로운 환경에 적응하는 것이 아니라 그저 삶의 방식과 방향이 태어나는 순간 정해져 있는 것과 같습니다. 이 동물들과 비교해 봤을 때 인간의 뇌가 최적의 상태로 변화한다는 '뇌가소성' 개념에서 생각해 보면 인간은 빠른 성장 대신 느린 적응, 하지만 꾸준한 적응을 선택했다는 뜻이 됩니다. 그 느린 적응의 대표적인 모습이 바로 '사회화'입니다.

태어나고, 시기에 맞춰 학교에 가고, 지식을 습득하고 하는 과정에서 뇌는 끊임없이 적응을 위한 변화를 합니다. 유치원에서 초등학교로 새로이 진학하거나 아니면 새로운 학년이 시작되는 우리 아이들이 학교에서 배워야 할 것은 고정된 지식이라기보다 '적응을 위한 변화' 혹은 '변화에 대한 적응'이라고 생각해야 합니다.

고정된 사회화가 '활자화'되어 있는 것을 교과서라고 한다면 교실이라는 공간, 선생님과 친구들과의 관계는 실로 변화무쌍한 사회화의 용광로입니다. 이 용광로에서 아이들은 나 아닌 타인을 이해하고 공감하는 것에 대해 배우기도 하고, 때로는 자신을 지키기 위한 공격과 방어를 통해 친구와의 관계가 멀어지기도 할 것입니다.

우리 아이들을 둘러싼 순간순간의 환경변화는 긍정적일 수도 부정적일 수도 있습니다.
그런데 부모들은 종종 불안한 상황에 놓인 아이들을 볼 때마다 좌불안석으로 아이보다 더 불안해하며 부모인 자신이 문제를 대신 해결해 주기 위해 만사를 제쳐두고 달려들기도 합니다. 특히 그런 모습이 가장 두드러지게 나타날 때가 바로 학교폭력과 관련해서입니다.

부모의 이런 대응은 어떤 결과로 나타날까요?

다른 동물과 달리 최소 10여 년 동안 엄마 아빠의 품 안에 있어야만 하는 우리 아이들이 너무도 약한 존재로 여겨지는 것도 어찌 보면 당연한 일이지만, 그렇다고 해서 언제까지고 부모의 품 안에 가두어 둘 수는 없습니다.

매스컴에서 보이는 아주 심각한 학교폭력의 경우라면 어른의 적극적인 개입이 반드시 필요하겠지만, 실상 학교폭력으로 접수되는 사안들 중 절반 이상은 폭력이라기보다 '갈등과 소통'의 문제라고 합니다. 우리 소중한 아이는 앞으로도 성장하면서 무수히 많은 갈등을 겪을 것이며 그 안에서 각각의 갈등에 맞는 적절한 소통의 방식을 배워야 합니다. 그것이 바로 '변화에 대한 적응'이라고 볼 수 있습니다.

그런데 부모의 진심 여부와 상관없이 아이가 겪는 모든 문제해결을 부모가 대신하게 되면 이것은 내 아이가 언제까지고 '변화에 대한 적응'을 하지 못하도록 방해하는 결과를 낳습니다. 그러니까 부모의 진심과 의도는 그게 아닌데도 불구하고 내 아이의 적절하고 정상적인 성장과 변화를 부모가 가로막게 된다는 뜻이 됩니다. 그것은 아이를 사랑하지 않는 것과 같습니다.

그것은 또한 부모 역시도 이 과정에서 아이와의 관계, 아이의 변화에 대해 적절하게 적응하지 못하게 된다는 것을 의미합니다. 결과적으로 부모와 아이 모두 '적응을 통한 변화'와 성장을 놓치게 될 것입니다.

모든 아이는 자신의 삶에 대해 자신만의 이야기를 써 내려가는 것을 배워야 합니다.

서양의 중세에는 인간의 얘기를 신이 대신 써주었고, 동양의 중세에는 왕이 써주던 시대였지만 근대 이후 인간의 이야기를 쓸 펜은 인간의 손에 쥐어져 있습니다.

이제 인간은 신의 소명, 군주의 하명을 받는 엄근진, 다시 말해 엄격함, 근엄함, 진지함에서 벗어나서 주체적으로 자신의 삶을 바라보고 그것에 대한 감정을 표현할 수 있게 되었습니다.

아이들은 일시적으로 부정적인 환경에 처하더라도 그 안에서 적절한 적응과 배움을 습득하는 과정을 통해 자신의 이야기를 써 내려가야 합니다. 성공에 대한 경험만이 아니라 그 실패까지 모두 맛보아야 정체성이 온전하게 발달할 수 있습니다. 성공이든 실패든 써 내려가는 것을 스스로 한다는 것은 쉬운 일은 아니지만 그럼에도 불구하고 매우 중요한 일입니다.

아이들이 자신들의 이야기를 써 내려갈 때 어른들은 무엇을 해야 할까요?

우리 아이가 만약 실패를 경험하고 유쾌하지 못한 상황에 놓여 마음의 평온을 잃어버렸을 때 그것을 대신 겪어주는 것이 아니어야 합니다. 그것은 아이의 손에 막 쥐어진 펜을 부모가 뺏는 것과 같습니다. 대신 부모는 아이 스스로 그 상황에서 헤쳐 나올 수 있도록 용기를 북돋아 주어야 합니다.

다만 '부정은 우리에게 고함을 치지만, 긍정은 오직 속삭일 뿐이다'는 말처럼 사람은 부정적인 상황에 더 강하게 반응하기 때문에 아이가 부정적인 감정을 한 번 느낄 때 긍정적인 감정을 더 많이 느낄 수 있도록 도와줘야 합니다. 이런 점에서 어른의 역할이 만만치 않습니다만 또 만만치 않은 역할이기 때문에 어른이 해야 할 일인 것입니다.

그래야 우리 아이가 다시 행복해질 수 있습니다. 부모인 우리까지 나서 아이의 부정적인 상황에 풍덩 빠져 버린다면 아이는 부모의 부정적 감정까지 떠안게 되고 불안함이 가중되어 긍정에 대한 희망까지도 잃어버릴 수 있습니다.

부모가 대신 쓰지 않고 아이가 자기 삶의 주인공이 되는 이야기를 쓰게 하는 것, 펜이 쥐어진 아이의 손에 다시 힘을 불어넣는 것, 그것이 부모의 역할입니다.

변화에 대한 적응이 꼭 수동적인 것만을 뜻하는 것은 아닙니다. 만약 친구들 사이에서 옳지 않은 모습이 보였을 때 용감하게 문제 해결에 나서는 적극성을 보이는 것도 '적응'이며 이런 의미에서 적응은 단순히 수동적으로 받아들이기만 하는 '순응'이 아닙니다.

변화를 이끌고 나갈 수 있는 이야기를 아이가 써 내려간다면 그것만큼 좋은 것은 없습니다. 다만 그러기 위해서 아이에게는 '용기'가 필요하고 용기는 저절로 생기지 않습니다. 그 용기를 길러주는 것은 끊임없이 대화를 나누며 생각을 들려주고 가족 공동의 철학을 만들어야 하는 어른의 역할입니다.

사회화를 위한 적응은 누가 대신해 주는 것이 아닙니다. 그리고 사회화에 대한 책임이 부모에게만 있는 것도 아닙니다. 아이가 성장할 수 있도록 하는 것은 환경이며, 그 환경은 부모만이 아니라 학교, 선생님 그리고 친구들 모두를 아우르며 존재합니다. 아이는 그 환경 속에서 자신의 자리를 스스로 매겨야 합니다.

우리 아이의 뇌에는 엄청난 가능성이 있습니다.
하지만 아무 의미 없이 무언가를 반복하는 것은 뇌를 변화시키지 못한다고 합니다. 그저 생각 없이 단어를 외는 것에 우리 아이의 뇌가 반응하지 않을 수도 있습니다. 뇌는 흥미를 느낄 때 변화합니다. 흥미는 서스펜스를 느끼는 극한 감정만이 아니라 부정적인 상황에서 그 해결을 위해 고군분투할 때에도 생겨납니다.
뇌의 고군분투를 위해서는 우리 아이들 스스로의 동기가 가장 중요하며, 학습에 있어서도 자발적 동기가 강조되는 이유도 이 때문입니다.
이제 우리 아이가 곤란한 상황에 처했더라도 아이가 스스로 해결할 수 있거나 스스로 해결해야 하는 것은 아닐까 먼저 물어보시길 권합니다.

만약 그런 판단이 드셨다면 부모님이 먼저 득달같이 달려들기보다는 우리 아이의 이야기 쓰는 힘의 향상을 위해서라도 일단은 뒤에서 적절한 조언과 응원하는 모습을 보여주길 바랍니다.

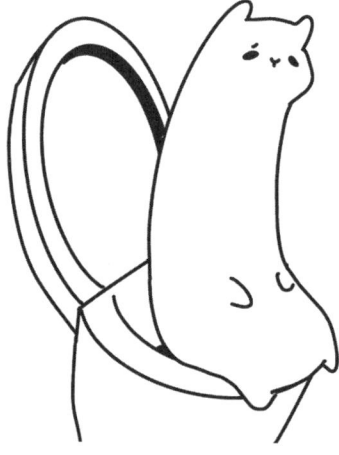

3.

불안이라는 감정 읽기

[긴장이 주는 자극, 호르메시스]

새로운 학년을 시작한다는 것은 학년만 달라지는 것을 뜻하지 않습니다. 바뀐 학년에 따라 배우는 내용도 달라지거나 심화될 것이고, 또 새로운 친구들과 새로운 선생님도 만나서 새로운 인간관계를 시작해야 한다는 것도 의미합니다.

새로운 무엇인가를 시작한다는 것은 물론 설레는 일이지만 대부분의 아이들은 설렘 못지않게 걱정과 불안의 감정도 함께 갖는다고 합니다.

이것은 우리 어른들이 학교 다닐 때를 한 번 떠올려 보시면 쉽게 이해할 수 있습니다.

같은 반에 나랑 친한 친구가 얼마나 있는지, 평소 내가 불편해하던 친구와는 같은 반은 아닌지, 우리 반 담임 선생님이 무서운 분은 아닌지 마음 졸여가며 반 편성표를 지켜보곤 했었지요.

교실은 혼자일 수 없는 공간입니다. 어찌 보면 강제적으로 공동체 생활을 하도록 되어 있죠. 학교를 '작은 사회'라고 말하는 것은 이런 이유이기도 합니다. 학교 안에서 아이들은 앞으로 사회생활을 하기 위해 필요한 것들을 느끼고 체득하기를 요구받으며, 교사들 역시 지식을 전달하는 것 외에 아이들이 훌륭한 어른으로 성장하도록 도와주기 위해 만반의 준비를 하는 것입니다.

학교가 비자발적인 공간이라는 사실은 아이들에게는 여러 가지 감정을 불러일으킬 수 있습니다. 스스로 선택해서 하는 생활이라면 충분한 동기부여와 참여 의지를 유발할 수 있겠지만, 어른들이 만들어 놓은 시스템 안으로 들어가도록 하는 것이기 때문에 누군가는 부담스러워하고, 누군가는 꺼리고, 누군가는 큰 불안감에 가슴이 콩닥콩닥거릴 수도 있을 겁니다.

호르메시스(Hormesis)란 말이 있습니다. 자극 또는 촉진을 뜻하는데, 해롭지 않은 수준의 가벼운 스트레스, 미량의 독소 등의 자극이 오히려 생체기능에 유익한 효과를 준다는 뜻입니다. 외부환경과 신체 내부의 변화에 대응해 순간순간 몸의 상태를 일정하게 유지하려는 우리 몸의 항상성 때문으로 알려져 있습니다.

먼바다에서 잡은 청어가 다시 항구로 돌아올 때까지 살아 있도록 유지하기 위해 북해의 어부들은 청어의 천적인 메기를 함께 넣어 운반했었다고 합니다. 적절한 자극이 삶에 긍정적인 역할을 할 수 있다는 것을 보여줍니다. 다이어트를 위한 간헐적 단식 등도 이런 방식을 따릅니다.

뼈에 지속적인 스트레스가 가해지면 뼈는 단련을 위해 더 단단해진다는 '볼프의 법칙'도 비슷하다고 볼 수 있습니다.

감정도 마찬가지입니다.
타인을 받아들이는 속도는 다 다릅니다.
반 아이들 20여 명 각자의 세계, 거기에 각 교과목 선생님들의 세계가 와글와글 뭉쳐져 있는 교실이라는 공간에서 새 학기가 시작되는 첫날, 그 문을 연다는 것은 미지의 세계를 탐험하는 것과 같습니다. 그중에 어떤 세계는 나에게 딱 맞는 세계일 수도 있겠지만, 어떤 세계는 나와는 정반대로 부담스러운 자극일 수도 있습니다.
새로운 것에 대한 기대는 그 긍정성 때문에, 적절한 긴장과 불안은 또 그 자극으로 인해 아이의 성장에 도움이 될 수 있습니다.

학교폭력이나 갈등과 관련하여 아이가 예민하게 느끼는 감정을 부모가 고스란히 받아 안거나 오히려 증폭시켜 폭발적 대응을 하는 경우가 많습니다. 물론 심각한 위기 상황에 놓인 아이의 감정은 어른들이 예민하고 신중하게 접근해야 합니다. 하지만 모든 갈등에서 어른들이 내 아이가 부정적 감정을 느끼지 못하도록 철통같이 막아선다면 아이들은 적절한 갈등의 해결과 감정의 해소를 배우지 못해 성인이 된 이후에도 감정의 독립을 이루지 못할 수도 있습니다. 청어같이 팔딱거리는 우리 아이의 성장을 위해서 일상을 긴장시키는 메기의 존재가 필요합니다.

새로운 학기부터는 아이들이 스스로 해결할 수 있는 갈등이라고 판단이 되신다면, 그 안에서 불안이나 작은 감정들을 겪는 내 아이의 해결사보다 우후죽순 내 아이의 지지자 역할을 해 보시면 어떨까요?

4.

집중과 분산

[변연계, 신피질, 감정의 분산]

아이가 공부를 시작하는데 집중하지도 못하고 부산하게 있으면 속에서 열불이 나기도 합니다. 그래서 이렇게 얘기하죠.

"가만히 진득하게 책상에 앉아서 공부하면 어디가 덧나냐?"

그런데 아이들을 이렇게 책상에 가만히 붙들어 놓는 것은 고문에 가깝습니다. 아주 오래전부터 인간의 뇌는 신체활동에 익숙해져 있습니다. 그 익숙한 활동을 통제받는 것은 오히려 뇌가 집중력을 유지하는 데 도움이 되지 않는다고 하죠.

실제로 몸을 자유롭게 움직일 수 있는 사람들이 움직임을 통제받은 사람들보다 시험점수가 높다는 연구 결과가 있습니다. 한 연구에 따르면 방과 후에 신체활동을 한 아이들은 그렇지 않은 아이들에 비해 집중력이나 인지능력이 2배 이상 향상된 것으로 나타났습니다. 『운동화 신은 뇌』의 저자 존 레이티 교수는 운동을 하면 뇌 신경세포의 성장과 분할을 촉진하게 하는 '신경세포 성장인자'의 생성을 촉진하기 때문에 전체 두뇌가 고루 개발될 수 있는 장점이 있다'고 말합니다. 운동을 통해 뇌에 많은 혈액과 산소가 공급되어 집중력과 뇌 기능이 활성화되는 것이지요.

오히려 오직 하나의 일에만 집중한다면 우리 뇌는 금방 지친다고 합니다. 그렇지 않다면 학교 수업시간은 2시간씩 짜여 있을지도 모를 일입니다. 뇌가 지치지 않기 위해서는 하나에만 매진하는 뇌의 활동을 의도적으로 분산시켜 오히려 역설적으로 집중력을 유지할 수 있도록 할 필요가 있습니다. 그래서 우리 아이가 공부하면서 몸을 가볍게 움직이거나 잠깐잠깐 낙서를 하는 행위는 오히려 공부 효율에 도움이 될 수 있다고 하죠.

감정에 대해서도 집중과 분산이 필요합니다.

감정은 너무 몰입해서도 너무 외면해서도 안 됩니다. 우리 뇌에서 감정은 변연계가, 이성적 사고는 신피질이 담당한다고 알려져 있습니다.

변연계는 사고, 의사소통, 놀이 등에서 활성화되며 신피질은 추론, 문제해결 등 논리적 기능에서 활성화됩니다. 이 둘의 관계는 지배 종속의 관계가 아니라 독립적이며, 차이가 있다면 속도와 비중입니다.

일반적으로 변연계의 반응속도가 신피질보다 빠르다고 알려져 있으며 우리의 의식에 먼저 도달하는 것도 변연계입니다. 그래서 우리는 어떤 느낌을 받고 활화산 같은 감정을 느낀 후 꽤 많은 시간이 지나서야 비로소 본인이 왜 그런 감정을 느끼는지 추스르기도 하고 문제를 해결하기 위해 쿨다운^{cooldown}을 하기도 합니다.

거기서 변연계가 느끼는 감정에 대해 뒤늦게 도착한 신피질이 부정적인 판단을 하는 일이 반복된다면 자존감이 저하되고 불안해지고 자꾸 우울해지려 합니다. 때로는 신피질이 작동하기 전에 몸으로 먼저 반응을 해 폭력적인 상황을 만들기도 합니다.

그래서 한밤중에 갑자기 라면이 먹고 싶어지거나 폭식의 욕구가 분출할 때 약 30초간 실시하는 '이마 두드리기'는 뇌과학적으로 입증된 식욕 억제 비법입니다. 뇌의 앞쪽 전두엽 부분에는 식욕을 비롯한 충동을 조절하는 부위가 있는데 이마를 두드리면 전두엽이 자극되면서 혈류가 모이기 때문에 충동을 억제하는 작용을 하는 것이지요. 또한 변연계가 왕성하게 그 활동력을 드러낼 때, 잠시 다른 행동을 하면서 상대적으로 느린 신피질이 도착하기까지 뇌의 주의를 분산시켜 즉흥적인 변연계를 말려주기를 기다리는 것이지요.

의사소통과 관련해서도 지금 내가 상대방과 다투고 분노의 감정이 머리끝까지 솟아오를 때 권하는 방법은 '일단 멈춤'과 '자리 피하기'입니다. 감정이 가라앉는 시간을 버는 것이라고 설명하지만 신피질이 도착하기를 기다리는 것이겠지요.

특히나 청소년기에는 변연계의 속도가 더 빠르고 비중도 더 커진다고 알려져 있습니다. 테스토스테론이나 에스트로겐 같은 성호르몬이 급작스럽게 분비되며 그것이 뇌에도 영향을 미쳐 성인보다 감정의 솎아내기를 훨씬 강하게 한다고 알려져 있습니다.

청소년의 뇌는 성인의 뇌와 다른 방식으로 타인의 정서를 해석합니다. 신피질 부분의 성장이 충분히 이루어지지 않은 청소년에게는 공포와 분노 등 감정을 관장하는 변연계가 더 활발하게 작동합니다. 객관적이고 이성적인 판단보다 감각적이고 직관적인 판단이 이루어질 가능성이 큽니다.

감각과 직관이 나쁘다는 얘기는 아닙니다만 내 앞에서 상대방이 웃는 모습을 보면서도 재밌어서 웃는 것인지, 아니면 나를 비웃는 것인지에 대해 판단이 제대로 이루어지기도 전에 감정이 먼저 일어나 분노하게 되거나 상대를 오해하게 되는 경우가 왕왕 생기게 됩니다.

학교폭력 사안으로 접수되고 자꾸 커져만 가는 사안들 중에는 선생님이나 다른 제3자가 보기에는 별것 아닌 것 같은데도 자꾸 문제가 커진다고 여겨지는 것들이 꽤 존재하는데, 아마 이런 청소년기의 성장적 특성에 기인한다고 볼 수도 있는 것이 상당수일 것입니다.

그러니까 아이들에게는 지금 내가 느끼는 '이 감정'만이 '오직 유일한 감정'이 되고, 그 불꽃에 휘말려 그것이 다른 모든 것을 집어삼켜 버립니다.

우리는 아이들이 자라는 과정에서 충동을 조절하는 데 애를 먹는 모습을 자주 보게 됩니다. 그럴 때 부모님을 비롯하여 선생님과 어른들이 그저 '충동조절장애'라든지 '분노조절장애'라든지의 말로 쉽게 결론 짓지 않기를 바랍니다. 또한 '사춘기가 보다'라고 그저 지나치시지 않기를 바랍니다. 아이들이 호르몬과 뇌의 활동으로 인해 감정이 폭발되어 그것을 조절하는 데 애를 먹고 있다고 생각하시고 어른들이 성장을 위한 신피질 역할을 해 주어야 합니다.

아이가 겪고 있는 상황을 '객관적으로' 들여다봐 주고, 아이가 느끼고 있는 감정을 '깊이 공감하면서' 그러면서도 그 상황과 그 감정에 대해 따뜻하고 냉철한 이성의 말을 들려줘야 합니다.

학교폭력 사안에 휘말리게 된 아이가 다른 아이와의 갈등에서 겪는 감정에 오히려 보호자가 더 이입되어 아이의 외부에서 감정의 증폭기, 점화기 역할을 한다면 그것은 당장 이기는 싸움으로 여겨지겠지만, 장기적으로는 아이의 긍정적인 성장을 가로막는 요인이 될 수 있습니다. 심하게는 아이를 감정의 금치산자로 만드는 것이라고도 볼 수 있습니다.

아이가 오직 한 가지 감정에만 휘둘리고 집중할 때, 어른들은 가볍게나마 그 집중을 분산시키는 상황을 만들어주고 그로 인해 아이가 좀 더 냉철하게 자신이 처한 상황을 바라볼 수 있도록 해 주어야 합니다. 그래야 우리 아이가 진짜 문제해결에 집중할 수 있는 어른으로 성장하게 될 것입니다.

5.

친구와 협력
[사회성 모둠]

기록되거나 우리가 기억하는 역사는 상당 부분 전쟁이 차지합니다.
 우리가 배웠던 세계사를 떠올려 보십시오. 아마 세계대전이니, 백년전쟁이니 하는 것들만 기억이 나실 겁니다. 그래서 같은 종끼리 싸우는 유일한 동물이 인간이라는 말들을 하기도 했습니다.
 그러나 인간만 종끼리 싸우는 것이 아닙니다. 많은 잡식 동물은 새끼가 약하게 태어나거나 부상을 입어 살 가망이 없다면 잡아먹습니다. 모래뱀상어는 어미 뱃속에서 부화한 새끼들이 약한 형제들을 잡아먹기도 합니다. 인간과 비슷한 영장류인 침팬지 수컷은 그 공격성 때문에 자기 무리가 아닌 수컷을 만나면 바로 죽일 듯이 공격을 합니다.

오히려 인간은 개인끼리 만나거나 우리 무리에 낯선 존재가 나타나면 배척하기보다 기꺼이 도와주려는 모습을 보입니다. 길을 잃고 헤매는 외지인에게 친절하게 길을 알려주는 것이 인간입니다.

세계대전을 일으킨 인간과 생면부지의 이방인을 기꺼이 도와주려는 인간, 언뜻 보면 모순적으로 보일지 모르지만, 이것은 협력 사회의 두 단면입니다. '인간은 사회적 동물이다'라는 말처럼 그 어떤 동물도 인간만큼 무리를 이루어 서로간의 관계를 이루지 못합니다.

심지어 지금은 전 세계가 실시간으로 관계되어 있습니다. 고도의 문명을 만들어내고 그것을 지속 발전하게 하려면 더 이상 한 사람의 능력으로는 불가능합니다. 기본적으로 수많은 사람들의 '협력'이 필요합니다. 물론 많은 경우 시스템으로 '분업화'되어 있고 그 시스템의 정점에 소수의 사람들이 있는 것도 사실이지만 분업된 개개의 인간들은 보이지 않게 연결된 타인의 작업에 대한 신뢰가 밑바탕에 깔려 있어야 합니다.

사회학자 니콜라스 크리스타키스는 타인에 대한 신뢰와 유대를 보여주는 인간의 이런 모습을 '사회성 모둠'이라는 유전자로 설명하기도 합니다.

새 학기에 아이들에게 생겨나는 걱정은 한두 가지가 아니겠지만, 그중에서도 '공부'와 '친구'가 가장 클 것입니다.

그런데 둘은 아주 다릅니다. 공부는 순전히 자신의 능력과 관련되어 있지만, 친구는 아니지요. 내가 애쓰기만 한다고 되는 것이 아니라 상대방도 그에 맞춰 호응해 주어야 합니다.

어른이 된 우리들에게 우정이라는 단어는 이미 어색해져 있을지 모르지만, 아이들에게는 여전히 가장 절실하게 가지고자 혹은 지키고자 하는 단어 중 하나인데 그게 쉽지가 않습니다.

유유상종이라는 말이 있습니다. 우리는 비슷한 아이들끼리 모여 친구가 된다는 의미 정도로 받아들입니다. 종종 좋지 않은 행동을 하는 아이들에게 '끼리끼리'라는 부사를 사용하며 비하하기도 합니다.

그런데 생각해 보면 유유상종은 인간의 생존에 필수적인 모습이었을 겁니다. 원시인인 나는 평소 달리기를 좋아하고 사냥하는 것을 즐기는데 어느 날 사냥을 나갔다가 맹수의 이빨 아래 물려 죽기 직전인 상태에 놓였다고 상상해 보겠습니다. 내 옆에는 두 명의 친구가 함께 사냥을 왔는데 그중 한 명은 나처럼 잘 달리고 사냥을 잘하는 친구 '철수', 다른 한 명은 걸음도 느리고 돌팔매질도 형편없는데 대신 아주 똑똑한 친구 '민수'라고 하겠습니다. 이 중에서 당장 내 목숨을 구해줄 친구는 누구일까요? 아마 특급사냥선수 '철수'일 겁니다. 물론 똑똑한 '민수'가 순간적으로 기지를 발휘해서 기발한 방법으로 나를 구해줄 가능성이 아주 없지는 않지만요.

이처럼 같은 유형의 친구들끼리 모여 다니는 것은 역사적으로나 개인적으로 안전하게 살아남기 위한 유리한 선택지였을지 모릅니다.

부모님이나 선생님들이 보기에는 자꾸 몰려다니며 안 좋은 행동을 하는 아이들을 어떻게든 흩어놓고 싶겠지만 그것이 인간의 오래된 생존본성으로 새겨져 있었다는 것을 받아들인다면 쉽지 않은 문제이고 어쩌면 바람직하지 않을 수도 있습니다. 그 아이들 각자에게는 친구들 모두가 다 '철수'이기 때문입니다.

한때 한국영화시장에서 조폭을 다룬 영화들이 유행한 적이 있었는데 그 영화는 하나같이 '의리'를 주제로 삼았습니다. 개인으로 떨어트리면 그토록 불안하고 약한 존재인데, 그 '철수'들끼리 같이 뭉쳐서 큰 사고를 치는데도 영화들은 하나같이 의리로 포장했던 것이 먹혔던 셈이지요.

그렇다면 어른들은 이 아이들에게 어떻게 다가가야 하는 걸까요?

새로운 친구를 어떻게 사귈 것인가 고민하는 아이들에게 인간이 가지고 있는 타인에 대한 신뢰 혹은 유전적으로 새겨져 있는 '사회성 모둠'을 들려주는 것은 어떨까요?

우정을 '대가에 대한 기대 없이도 도움을 주는 관계'로 정의한다고 한다는데 아이들에게 가까이 다가가고 싶은 친구에게 무언가를 요구하는 모습보다 '순수한 도움을 줄 자세'에 대해 말해주는 것은 어떨까요?

물론 '순수한 도움'이 무엇인지에 대해서도 들려주어야 합니다. 학교폭력의 가해자로 선 친구에게 동조자나 강화자로 행동하는 것은 '순수'한 것이 아니며, 때문에 도움을 주는 것도 아니고, 우정으로 미화되지도 못하며 결국은 친구가 되지 못할 것임에 대해 알려 주어야 합니다.

'철수'들끼리만 있는 무리 속에 있는 아이에게는 '민수'의 존재도 들려주는 것도 좋을 것 같습니다. 맹수에게 잡아먹히려던 순간 나에게 도움을 주지 못해 속상해하던 '민수'는 굴속에 들어가 여러 날을 밤새워 연구한 끝에 전체 무리의 안전을 위해서 다시는 맹수에게 당하지 않아도 될 신박한 무기를 만들어줄 수도 있을 것입니다.

사회는 더 이상 물리적인 힘, 압도적인 폭력으로 지배하는 시대가 아닙니다. 또한 어느 한 가지 자원(에너지, 정보, 기술)만으로 다른 집단을 지배하지도 못합니다. 미래 지향적인 측면에서 집단이 오래 살아남기 위해서는 다양성이 중요합니다. 다양성은 자연스럽게 민주주의로 향합니다. 다양성은 아이의 사고의 방향도 다채롭게 합니다. 우리 아이들 모두는 각자의 개성으로 빛나야 합니다. 또한 다른 이의 개성도 존중하는 아이로 성장해야 합니다.

그래서 우리 아이에게는 교실 한 켠에서 조용히 사색하며 앉아 있는 친구, 하지만 다른 아이들이 어색해서 잘 다가가지 않는 친구 '민수'에게 먼저 말을 걸어보는 것을 권해 보시기 바랍니다.

6.

평균과 자기과신

[워비건 호수 효과, 평균의 눈]

부모들은 아이가 어렸을 때, 장난감 건반을 곧잘 두드리는 것을 보고 피아니스트를 꿈꾸기도 하고, 누구도 알아보지 못하는 그림을 얼기설기 그렸을 때는 유명한 화가가 된 아이를 상상하기도 합니다. 그리고 학습지 몇 문제를 척척 풀어내는 모습을 보며 아이가 천재이며 고등학교쯤 되면 전교 1등이 되는 모습을 기대하곤 하지요. 그런데 나만 그러는 줄 알았더니, 내 옆의 거의 모든 부모들이 비슷하다는 것을 확인하면서 속으로는 살짝 비웃기도(?) 합니다. 우리 아이가 제일 똑똑한데 말이지요.

"당신보다 느리게 운전하는 사람은 멍청이고, 당신보다 빠르게 운전하는 사람은 미친놈이라고 생각해 본 적은 없나요?"

미국의 코미디언 조지 칼린^{George Carlin}의 조크입니다.

미국의 작가 게리슨 케일러^{Garrison Keillor}는 '워비건 호수'라는 가상의 마을을 만들어냈습니다. 풍자 작가인 그가 그의 라디오 쇼에서 만들어 낸 이 마을에 사는 모든 여자들은 평균 이상으로 강인하고, 남자들은 평균 이상으로 잘생겼으며, 아이들은 평균 이상으로 뛰어납니다. 케일러는 자신의 쇼를 청취하면 워비곤 호수 마을처럼 '여자들은 힘이 세고, 남자들은 잘생겼으며 아이들은 평균 이상의 능력'을 가질 수 있다고 유혹했는데, 그는 아마도 인간의 특성을 잘 이해하고 있었던 것 같습니다.

우리들 대부분은 자신이 다른 사람에 비해 더 매력적이고 능력이 있으며 공정하다고 자부하는데 이것을 '워비곤 호수 효과'라고 합니다. 평균 이상인 누군가가 있다면 누군가는 평균 이하가 되어야 하는데도 만약 모든 사람이 평균 이상이라고 생각한다면 평균 자체가 통계적으로 무의미해지겠지요.

미국의 조사에 따르면 노동자들의 90% 이상이 '일반 노동자보다 생산적이다'라고 답했으며 80%의 직장인이 스스로를 '평균 이상'의 직장인, 기업 임원들 중 90%가 자신의 평균 이상의 성과를 냈다고 대답했습니다. 겨우 1%만이 자신들을 '평균 이하'로 평가했다는 연구 결과도 있습니다. 1977년 미국 고등학교 3학년 100만 명을 조사한 결과 본인의 친화력이 평균 이상이라고 답한 비율은 100%였다고 합니다.

한국의 한 구직사이트 조사에서도 '나는 평균보다 우수한 인재'라고 생각하는 사람이 70%였으며 이 중 80%는 자신의 능력에 비해 연봉이 낮다고 답했다고 합니다.

칼린의 유머처럼 운전자의 95%는 자신이 평균보다 운전을 잘한다고 생각합니다.

이처럼 자신의 능력에 대해 필요 이상으로 과한 신뢰를 보내는 과신주의에 대해 심리학자 톰 길로비치(Tom Gilovich)가 '워비곤 호수 효과'라고 이름을 붙인 것이죠.

미국 50개 주가 자기 주 학생들의 시험 성적 평균 결과를 발표했는데 하나같이 전국 평균 이상이었다고 합니다. 이것은 한국에서도 비슷합니다. 통계 수치가 어떻게 나오든 각 지역의 교육청들은 나온 통계 수치에 대해 각자의 주석을 붙여 자기 지역의 교육수준이 평균 이상이었다는 것을 입증하려 애를 씁니다. 상당수의 학교가 대학 입학 실적이 뛰어나다고 홍보하며, 학원가에서는 대부분의 학원이 대형 현수막을 걸어 자기 학원생 대입 실적의 탁월함을 보여주려 합니다.

워비건 호수 효과는 비단 개인에게만 적용되는 것이 아니라 집단에서도 적용됩니다.

내가 속한 집단은 아무 문제 없이 훌륭하며 우리가 아닌 상대집단이 항상 문제를 발생시킨다고 비난하고 이성을 가진 사람이라면 누구라도 우리 집단을 지지해 줄 것이라고 판단합니다. 우리는 이런 모습을 매일 정치와 사회 전반에서, 온갖 뉴스에서 확인합니다.

워비건 호수 효과, 혹은 과신효과는 개인과 집단 모두에게 자신의 객관적 모습을 바라볼 기회를 박탈하고 스스로 발전할 수 있는 기회를 잃게 될 수 있음을 경고합니다. 과신에 근거한 지나친 낙관주의는 뿌리 없이 집단 전체를 잠식해 들어가 실패 가능성은 적게 보고 성공 가능성을 지나치게 높게 책정하곤 합니다. 그래서 대부분의 결과는 우리의 기대에 못 미치게 됩니다.

"많은 사람의 의견, 특히 그 사람 본인의 의견에는 자신이 지혜로운 것 같다고 한다. 그런데 나에게는 그 사람이 지혜롭지 않다는 느낌이 왔다. ……. 아마도 우리 둘 모두 내놓고 자랑할 만한 지식은 거의 없는 것 같다. 조그만 차이가 있다면, 그 사람은 자신이 조금은 안다고 생각하는 데 비해 나는 나의 무지를 아주 잘 파악하고 있다는 점이다. 어쨌든 내가 모르는 내용들을 알고 있다고 생각하지 않는다는 점에서 그 사람보다 내가 현명하다고 할 수 있을 것 같다."

소크라테스의 말입니다. 그는 실제 아는 것보다 더 많이 알고 있다고 생각하는 오만을 버리는 것이 지혜로운 사람의 태도라고 강조했습니다. 그래서 "너 자신을 알라"라고 했던 것이죠. 자신의 무지를 알아야 한다는 의미였습니다.

소크라테스 사후 2,600여 년이 지난 지금, 한국의 학습 시장에는 메타인지라는 것이 비로소 유행하고 있는 듯합니다.

메타인지는 자신의 생각에 대해 판단하는 능력입니다. 자신이 무엇을 알고 있는지, 무엇을 모르고 있는지를 먼저 알아야 자신이 무엇을 할 수 있는지를 판단할 수 있다는 뜻입니다.

학습하고 있는 과목에 대해 자신의 능력을 이해하고(내용 지식), 과제의 난이도를 인식하며(과제 지식), 정보를 배우기 위해 전략을 사용하는(전략 지식) 것들이 메타인지의 유형으로 알려져 있습니다.

선행학습과 난도 높은 문제집을 무조건 풀게 하는 것이 아이에게는 정작 도움이 되지 못하고 스트레스만 잔뜩 안겨줄 수도 있다는 의미입니다. 부모에게는 우리 아이의 능력을 객관적으로 바라보아야 할 평균의 눈이 필요합니다.

그래서 이런 말을 하고 싶을 때면 다시 한번 돌아보아야 합니다.

"우리 애가 노력을 안 해서 그렇지, 머리는 좋아요."

학교폭력과 관련해서도 '워비건 호수 효과'는 작동합니다.

우리 애를 학교로 보내는 어떤 부모도 자기 아이가 학교폭력의 가해자가 될 것이라고 생각하지는 않을 것입니다. 거의 모든 부모는 자기 아이가 새롭게 입학하면 학교폭력의 피해자가 되지는 않을까 걱정할 뿐이지요.

하지만 평균이라는 것, 상호성이라는 것을 생각해 봤을 때 피해자가 있는데 그것이 과실이나 사고로 인한 것이 아니라면 가해자는 분명히 존재합니다.

어떤 아이가 학폭의 피해자라면 또 다른 아이는 폭력의 가해자인 것이 자명한데도, 막상 자신의 아이가 가해자라면 부모는 큰 충격을 받게 되고 합리적인 판단을 하지 못하는 경우가 왕왕 존재합니다. (참고로 회복적 조정에서는 가해자라는 표현 대신 행위자라고 일컫습니다.) 그래서 피해를 입을 상대 아이의 피해를 들여다보는 대신, 법적인 대응도 하고 피해자를 비난하기도 하면서 기를 쓰고 자기 아이를 보호하려 합니다.

그래서 학교폭력 사안이 발생하면,

"장난으로 한 일인데, 그 아이가 너무 예민하게 굴어서 학교를 시끄럽게 만들어요."

라는 말들을 정말 많은 부모들이 하게 되는 것이지요. 그런데 신기하게도 만약 가해 학생의 동생이 또 다른 학교폭력의 피해자가 된다면 같은 부모라 할 수 없을 정도로 그 피해에 열중하고 학교 공동체를 뒤흔들어 놓기도 합니다.

부모는 이런 말도 합니다.

"우리 애는 착한데 친구를 잘못 만난 탓이에요."

하지만 모든 아이가 다 착한데 친구를 잘못 만났다고만 한다면, 그 잘못된 친구는 허상으로만 존재할 것입니다. 워비건 호수 효과입니다.

학교에서 아이들이 배워야 할 것은 갈등상황에서 잘못했을 때 솔직하게 인정을 하고, 피해를 입은 친구가 회복할 수 있도록 자발적으로 책임을 지는 모습이어야 합니다. 그런데 발생한 모든 학교폭력 사안에 대해 이런 식으로 어른들이 접근한다면 심의위원회의 조치가 내려져도 피해자의 회복은 불가능해집니다. 그만큼 교육은 갈피를 잃을 것입니다.

평균이 중요한 이유는 그것이 성적을 상하로 가르는 기준이기 때문이 아닙니다. 기를 써서라도 '평균의 선보다는 위로 올라야만 한다'고 가르치는 것은 교육의 지향점이 아닙니다. 평균은 그 사방팔방으로 퍼져 있는 여러 관계들을 그 선 위에서 공정하게 바라보고자 하는 기준선입니다. 그래서 평균은 중립이라고 보아야 합니다.

철학자 러셀이 "이 시대의 아픔 중 하나는 자신감이 있는 사람은 무지한데, 상상력과 이해력이 있는 사람은 의심하고 주저한다는 것이다"라고 말한 것도 어쩜 이것을 경고하고자 함이 아니었을까요?

실제로는 '중간선'이어야 하지만, 새 학기를 시작하는 모든 부모들의 의식 속에서는 '심리적 최저선'으로 작용하는 평균을 이제는 객관적으로 겸허하게 바라보아야 합니다.

그리고 또 하나, 평균을 성적의 평균, 연봉의 평균 등 숫자의 평균으로 바라보는 것보다는 관계의 평균, 감정의 평균, 평등하고 균형 잡힌 사회성 기르기 등 조금은 어렵고 낯선 것에 대해서도 생각해 보는 시간을 가져 보시길 권합니다.

7.

경쟁과 진화

[거울나라의 앨리스, 공진화]

"이런, 우리나라에서는" 앨리스는 여전히 약간 헐떡거렸다. "우리가 한 것처럼 오랫동안 아주 빨리 달렸다면, 일반적으로 다른 곳으로 가 있어야 하죠."
"그곳은 아주 느린 나라구나!" 여왕이 말했다. "이제, 여기 보다시피, 네가 할 수 있는 한 힘껏 달려야만 이곳에 겨우 머무를 수 있을 뿐이야. 만약 네가 다른 곳으로 가고 싶다면 적어도 이보다 두 배는 더 빨리 달려야 하지!" -「거울 나라의 앨리스」 중에서

세계 최초이자 최고의 공과대학은 MIT 공과대학입니다. 입학하는 것만으로도 그 능력을 인정받는 것과 같으며 예전 같으면 가문의 영광으로 신문이나 TV에서 인터뷰하기도 했습니다.

이제 그 최고의 대학의 1869년 입학시험을 한 번 보겠습니다.

우선 산술문제입니다.

1. $\dfrac{78}{1000}$ 와 $\dfrac{19}{100}$ 을 곱하라.
2. 2880을 0.0036으로 나누어라.
3. 원 한 바퀴의 0.01은 몇 도에 해당하는가?
4. 집을 5790달러에 팔아서 집주인은 3.5%의 손해를 보았다. 원래의 집값은 얼마인가?

다음은 대수학 문제입니다.

1. $e = 8$ 일 때 다음 수식의 값을 계산하라.
$$e - \{(e+1)^2 + 2\} + (e - \sqrt[3]{e})\sqrt{e-4}$$
2. 다음 식에서 괄호를 없애고 같은 항을 묶어 식을 간단히 하여라.
$$3a - [b + (2a - b) - (a - b)]$$
3. 다음 연립방정식을 풀어라.
$$\begin{cases} 7x - 5y = 24 \\ 4x - 3y = 11 \end{cases}$$

이 정도면 중학교 과정을 아주 살짝 선행 학습한 초등학교 5학년 우리 아이도 충분히 풀 수 있을 것 같습니다. 안타깝습니다. 우리 아이가 150년 전에 태어났다면 아마 MIT 공대 입학은 떼 논 당상이었을 텐데 말이죠.

이제 2023학년도 수능 수학 문제를 한 번 보겠습니다.

〈2023 수능, 기하 30번〉 좌표공간에 정사면체 ABCD가 있다. 정삼각형 BCD의 외심을 중심으로 하고 점 B를 지나는 구를 S라 하자. 구 S와 선분 AB가 만나는 점 중 B가 아닌 점을 P, 구 S와 선분 AC가 만나는 점 중 C가 아닌 점을 Q, 구 S와 선분 AD가 만나는 점 중 D가 아닌 점을 R라 하고, 점 P에서 구 S에 접하는 평면을 α라 하자. 구 S의 반지름의 길이가 6일 때, 삼각형 PQR의 평면 α위로의 정사영의 넓이는 k이다. k^2의 값을 구하시오.

〈2023 수능, 확률과 통계 29번〉 앞면에는 1부터 6까지의 자연수가 하나씩 적혀 있고 뒷면에는 모두 0이 하나씩 적혀 있는 6장의 카드가 있다. 이 6장의 카드가 그림과 같이 6이하의 자연수 k에 대하여 k번째 자리에 자연수 k가 보이도록 놓여 있다.
이 6장의 카드와 한 개의 주사위를 사용하여 다음 시행을 한다.

주사위를 한 번 던져 나온 눈의 수가 k이면
k번째 자리에 놓여 있는 카드를 한 번 뒤집어 제자리에 놓는다.

위의 시행을 3번 반복한 후 6장의 카드에 보이는 모든 수의 합이 짝수일 때, 주사위의 1의 눈이 한 번만 나왔을 확률은 $\dfrac{q}{p}$이다. $p+q$의 값을 구하시오. (단, p와 q는 서로소인 자연수이다.)

이 글을 읽으시는 분들께서는 아주 높은 확률로 이것이 도대체 무슨 소린지 알지 못할 것입니다. 이런 문제를 킬러 문제라고 하는데 사실 학교에서도 선생님들은 킬러 문제에 매달리기보다 그 시간에 다른 문제에 집중하라고 조언한다고 합니다. 위 두 문제는 놀랍게도 정답률이 0%로 알려져 있습니다. 전국에서 맞힌 학생이 한 명도 없다는 뜻입니다.

150년 동안 세계 최고 공과대학의 문제에서 한국 고등학생들이면 누구나 도전해야 하는 문제의 난이도가 이렇게 많은 차이가 납니다. 문제가 이만큼 어려우니까 아이 공부를 그만큼 더 열심히 시켜야 하는구나 이런 생각을 하실 수도 있지만, 그것이 우리가 나눠야 할 이야기는 아닙니다. 오히려 그 반대입니다.

'이상한 나라의 앨리스'를 쓴 루이스 캐럴은 그 속편으로 '거울 나라의 앨리스'라는 작품을 썼습니다. 거기에는 붉은 여왕이 등장하는데 붉은 여왕의 나라에서는 어떤 물체가 움직일 때 주변의 모든 것들도 빠른 속도로 움직이기 때문에 움직이지 않는 누군가는 제자리에 있게 되는 것이 아니라 뒤처지게 됩니다.

진화생물학에서는 이런 비유적 상황과 비슷하게 공진화^{coevolution}라는 개념이 있습니다. 한 생물집단이 진화하면 이와 관련된 다른 생물집단도 '함께' 진화한다는 의미로 '생명체는 그 스스로가 주변 환경과 경쟁자들 사이에서 끊임없이 진화해 적응하여야만 자신의 존재를 유지할 수 있으며, 주변에 맞춰서 진화하는 생명체가 그 제약을 초월하여 일방적으로 승리할 수는 없다'는 의미입니다.

냉전 시대 당시 세계 각국의 군비경쟁, 삼성과 애플의 스마트폰 혁신 전쟁 등을 떠올려 보면 공진화는 생물학의 분야에 국한되는 것이 아니라 인간 사회 전반을 좌우하는 상호경쟁시스템을 상징하는 것으로 볼 수도 있을 겁니다. 누군가 멈춘다면 그것은 곧 뒤처짐을 의미하죠. 그래서 말로는 '혁신'을 주장하지만, 결론적으로 동종업계에서 보자면 겨우 '현상 유지'가 되는 겁니다. 물론 인류사 전체를 봤을 때는 그것이 역사의 발전을 이끌고 왔던 것도 사실이지만요.

앞서의 수학 문제만 보더라도 150년 동안 전 세계의 학생들이, 혹은 한국의 학생들이 얼마나 치열하게 달려왔는지 보여줍니다. 다 같이 속도를 늦추면 모두가 행복해질 텐데 문제는 모두가 멈추는 것이 거의 불가능하다는 데에 있습니다. 내가 멈추더라도 다른 친구들이 멈추지 않는다면 그것이 곧 '낙오'를 의미한다고 끊임없이 주입받은 우리는 늘 '정지에 대한 불안'의 감정을 에너지원으로 삼습니다.

'멈춤'과 '느림'은 말처럼 쉽지 않습니다. '멈춤'이 사람들을 변화시킬 수 있는 에너지원이 되려면 속도의 관점에서가 아니라, 새로운 의미의 '매력적인 생산'으로 제시되어야 합니다. 그때에 이르러서야 사람들은 비로소 멈추는 것을 '고려'하게 됩니다. 스스로는 멈출 수 없고, 제3자의 혹은 사회의 비전이 필요한 이유입니다.

개인의 의식과 신념에서도 이러한 예를 찾아보았습니다. 영국 출신의 저명한 물리학자인 프리먼 다이슨은 상대성이론에 버금가는 양자전기역학을 정립하는 데 중요한 기여를 했으며 과학에 철학을 담아냈다고 평가받고 있습니다. 평화주의자였던 그는 아이러니하게도 2차 세계대전이 발발하자 20세의 나이로 영군 공격 폭격기 사령부에서 분석가로 활동했습니다. 평화주의자인 그가 영국군에 입대하면서 "불행하게도 히틀러에 대해서만은 비폭력 저항이란 것이 해당될 수 없다. 하지만 윤리적으로 나는 여전히 폭격에 반대한다"고 말했다고 합니다.

〈이후 폭격기 사령부로 일하기 시작하면서 "불행하게도 전쟁에 이기기 위해서는 폭격을 해야 한다. 그래서 나는 기꺼이 폭격 사령부로 일하러 나간다. 그렇지만 윤리적으로 도시에 대한 무차별 폭격에는 반대한다"고 말했고, 전쟁이 거세지며 연합군이 도시를 향해 폭격을 하는 것을 보고는 "불행하게도 우리는 도시를 무차별로 폭격하고 있지만, 전쟁에 이기는 데 도움이 되는 행위이므로 윤리적으로 정당화될 수 있다"고 말했다. 그러다 1년 뒤에는 "불행하게도 우리가 지금 퍼붓는 폭격이 전쟁에서 이기는 데 도움이 되는 것은 아니다. 하지만 폭격기 승무원들의 생명을 지키기 위해서 일하고 있으므로, 내가 하고 있는 일은 윤리적으로 정당하다"라며 폭격하는 승무원의 생명을 거론하며 폭격을 정당화했다.

전쟁이 끝나고 그는 전쟁이라는 구체적 현실 앞에서 자신만만하게 지니고 있던 자기의 원칙을 하나씩 변명하듯 써먹어 버린 일을 양심적으로 회상했다.〉 - 『사람은 왜 서로 싸울까』 차병직. p.74에서 발췌

이처럼 개인의 신념조차도 주변 환경의 변화의 속도에 맞춰 아주 빠르게 변화하고 달려 나갈 수 있습니다.

학교폭력 문제가 발생하면 사실 많은 경우에 아이들 싸움으로 끝나지 않고 어른들의 극단적인 싸움으로 번지게 됩니다. 우선 누군가가 학교폭력 신고를 하게 되면, 상대 부모가 또 우리도 당했다면 일명 '맞폭'을 하죠. "먼저 신고하기만 하면 피해자냐? 이럴 줄 알았으면 우리가 먼저 신고할 걸 그랬다. 우리 애가 당한 것이 더 많다"라면서 말이지요. 그것에 자극받은 피해 추정 측은 '용서는 없다'며 끝까지 가겠다고 하고, 이제 상대방 측도 변호사를 준비하는 등 극한 대결을 제대로 준비합니다.

학교폭력대책심의위원회에서 내리는 조치들은 모두 '피해자를 보호하고 가해자를 선도 교육'하는 것을 목표로 합니다. 8호 조치 강제전학과 9호 조치 퇴학을 제외하고, 나머지 조치를 받은 당사자는 조치를 이행한 후에도 여전히 같은 학교에서 교육을 받아야 합니다. 그런데 부모들은 그것에는 아랑곳하지 않고 자신들의 싸움을 기필코 이기는 것에 몰두합니다.

상대에 뒤처지지 않기 위해서 보호자들이 끝 간 데 없는 싸움을 하

는 것까지는 괜찮은데, 문제는 아이들이 어른들의 싸움 속도에 보조를 맞추지 못한다는 겁니다. 아이들은 대부분 자신들의 갈등이 법정까지 갈 것을 예측하지는 않습니다. 부모들이 내달리는 동안 우리 아이들은 이미 한참 전에 부모의 손을 놓쳐버려, 뒤를 돌아보아도 보이지 않을 정도로 까마득하게 멀어져 있습니다.

저기 뒤에 멀리서 아이들끼리는 이미, '이제 그만 달리자'며 서로 손을 부여잡고 즐겁게 놀고 있을 수도 있고, 각자가 혼자 뒤처진 두려움에 자그맣게 웅크리고 앉아 울고 있을 수도 있습니다.

그 상황에서 부모에게 필요한 것은 무엇일까요? 내 옆에서 뛰고 있는 경쟁자인 상대 부모는 아니어야 합니다. 휙휙 지나가는 배경에 현혹되지 않고 뒤에서 나약하게 울고 있는 내 아이를 향해 과감하게 뒤돌아서야 합니다. 이러기 위해서는 용기가 필요하고 상대도 더 이상 내달리지 않을 것이라는 신뢰가 필요한데 맘만으로는 쉽지 않을 것입니다. 여기서 중립적 제3자의 역할이 필요한데 다행히도 학교폭력조정을 지원하는 '회복적 조정제도'가 그 역할을 수행할 수 있습니다.

지금 달리고 있는 속도에 불안하신가요? 그러면 '회복적 조정'을 알아보시기 바랍니다.

8.

집단과 혐오
[패거리심리학, 하이브 마인드, 타인에 대한 비인간화]

사람은 개인적이 아니라 특별한 이유로 집단주의적 존재가 된다고 합니다. 정서조절을 연구하는 심리학자인 새라 로즈 캐버너는 책 「패거리 심리학」에서 이러한 인간의 집단주의적 의식을 하이브 마인드(hive mind)라는 개념을 중심으로 설명했습니다.

하이브(hive)는 여러 벌이 떼 지어 사는 벌집을 의미하는데 하이브 마인드는 이처럼 벌 군집과 같이 다수의 개체를 지배하는 하나의 정신으로 일종의 집단의식 또는 집단 지식을 뜻합니다.

거대한 집을 짓는 흰개미는 한 마리 한 마리로 치자면 집을 지을 능력과 지능이 없다고 합니다. 그런데 수만 마리의 흰개미가 각자의 업무에 대해 소통과 협업을 하면서 불가능해 보이는 거대한 집을 짓는다고 알려져 있습니다. 개미나 꿀벌 등 집단적이고 사회성이 강한 동물들에게서 이런 군집을 지배하는 의식을 떠올릴 수 있습니다.

하이브 마인드에서는 집단을 구성하는 각 개체의 개성은 무시되고, 집단의 의식을 통제하는 어떤 존재, 혹은 하나의 우두머리에 의해 지배됩니다.

한국이 세계 제일의 실력으로 유명한 스타크래프트는 세 종족 간의 전투를 하는 게임인데 테란, 저그, 프로토스가 그것입니다. 이 중 저그가 바로 하이브 마인드를 가지고 있습니다. 게임 매뉴얼에 따르면 저그는 고대의 위대한 한 종족의 유전자 조작에 의해 태어난 생물체로서, 기생생물 또는 기생충과도 같은 존재이지만, 뛰어난 적응력을 바탕으로 악조건에서도 잘 번성할 수 있는 종족으로 설정되어 있습니다. 기생생물이지만 그들이 놀라운 성장 속도와 전투력을 보일 수 있는 것은 그들을 의식적으로 통제하는 하이브 마인드입니다. 이런 점에서 게임에 등장하는 저그 본영의 이름을 '하이브'라고 한 것도 우연은 아닙니다.

지금도 인터넷과 스마트폰을 통해 인간은 초연결되어 있지만, 만약 인간의 두뇌까지도 초연결되는 사회가 도래한다면 그것으로 하이브 마인드라는 새로운 지배자가 나타날지도 모를 일입니다. 그러면 조지 오웰의 소설 『1984』의 '빅 브라더'는 단순히 상상으로 그치지 않을 수도 있습니다.

다가올 사이버 세상의 암울한 미래를 얘기하고자 하는 것은 아닙니다.

캐버너는 이 하이브 마인드라는 개념을 조금 변주하여 패거리 문화로 설명하고자 합니다. 인간이 집단주의적 존재가 되는 이유는 통제 불가능성에 대한 불안을 해소하기 위해서라고 합니다. 자아정체성을 스스로에게서 찾는 것이 아니라 자신과 같은 생각을 하는 사람을 나 자신이 좋아하는 집단에게서 찾고자 하는 것이죠. 그리고 거기서 찾은 정체성을 더 확실히 하기 위하여 경계를 짓습니다. 자신의 집단이 자아이고 우리 집단에 속하지 않은 다른 사람은 곧 타자로 간주하여 배제하고자 합니다. 패거리 문화^{hivemind}가 발생하는 이유입니다.

만약 개인이 타인에 대해 화가 났다면 어느 정도 시간이 가면 화는 누그러지겠지만 그 감정이 집단의 것으로 확장된다면 화는 가라앉기보다 더 커질 가능성이 높으며 이 감정은 사이버 세계에서 더 빠르고 넓게 확산될 것입니다. 당장이라도 포털의 정치면이나 사회면의 뉴스 댓글 창을 열어보면 한 집단을 원색적으로 비난하는 글들을 쉽게 찾아볼 수 있는 것이 현실입니다.

이런 경향성은 어른들보다 쉽게 감정적 동조를 일으키는 청소년기에 더 많이 나타납니다. 한 교실 내에서 집단 따돌림이 심심치 않게 발생하고 있고, 온라인에서 우리 무리 아닌 친구를 소위 '저격'하는 일들은 비일비재합니다.

솔로몬 아시는 "상당한 지성을 갖춘 선한 청년들이 흰색을 검은색이라고 부르겠다는 것은 심각한 문제"라고 했습니다. 실제로 실험에서는 잘못된 주장이 명백한 상황에서도 3명의 협력자만 있다면 동조효과를 내기에 충분하다고 알려져 있습니다. 하지만 변형 연구에서 거짓에 근거한 동조는 쉽게 깨진다는 것도 보여주었습니다. 한 사람이 그릇된 합의에 반대되는 의견을 표출하게 했더니 실험 참가자 대부분이 반대의견에 가담하는 양상을 보였습니다. 우화 「벌거벗은 임금님」을 떠올린다면 쉽게 이해할 수 있을 것입니다.

책『패거리 심리학』에서 또 하나 우리가 심각하게 받아들여야 할 지적은 다른 집단이나 사람을 단순히 타자화하는 것에서 벗어나 비인간화(탈인간화)할 때입니다. 말하자면 타인을 물건이나 사람 아닌 동물로 취급한다는 뜻인데, 요즘 청소년들이 사용하는 언어의 끝에 '~충'을 붙여 벌레 취급하는 것이 그 대표적인 예입니다.

사람들이 사용하는 욕설 중 많은 부분이 '동물'과 관련되어 있다는 것을 생각해 보면 사실 인간의 역사에서 '타인에 대한 비인간화'는 꽤 전형적인 모습이었다고 여겨집니다.

병사들은 일반적으로 총 쏘기를 망설인다고 합니다. 그 이유는 살아 있는 인간을 죽이는 것에 대한 거부감 때문이지요.

2차 대전 직후 미국의 마셜 육군 대장의 책『총 쏘길 거부하는 사람들』(1946)에 따르면 세계대전 당시 적과 맞닥뜨렸을 때 한 방이라도 제대로 적을 향해 총을 쏜 미군 병사는 단지 15~20%에 지나지 않았다고 합니다. 나머지 80~85%는 일부러 총알을 다른 곳으로 쏘거나 아예 방아쇠를 당기지도 않았다는 것이지요.

이 조사에 충격받은 미 육군 당국은 사격 조준판을 동그라미 모양이 아닌 실제 사람처럼 만들어 갑자기 나타나도록 작동시키고 그것을 총알로 맞히면 넘어지도록 바꿨습니다. 적군을 '숨 쉬는 인간, 사랑하는 가족이 기다리고 있는 인간'으로 보지 않도록 비인간화하는 훈련이었습니다. 그 결과 미군의 조준 사격률은 한국전쟁 당시 55%, 베트남전쟁 때는 90% 이상으로 크게 높아졌습니다.

가까운 미래에 대한 탁월한 통찰을 보여준 TV 시리즈 '블랙 미러' 시즌3의 '보이지 않는 사람들' 편에서는 이런 모습을 잘 그려내고 있습니다. 열등한 유전자를 가진 사람들을 선별하여, 이들을 아예 벌레로 인식하게끔 시각, 촉각, 후각까지도 조작한 데이터를 군인들의 머릿속 칩에 심어 놓는 이야기인데 공인된 살인을 위한 비인간화 과정이 절묘하게 묘사되어 있습니다.

이처럼 '우리 편 아니면 다 벌레'로 취급하는 이런 비인간화를 아이들이 쉽게 받아들인다면 그 다음으로 자연스럽게 이어지는 것은 바로 '혐오'입니다.

이제 더 이상 인간이 아닌 타인을 공격하는 것은 잘못된 것 같지 않게 되고 때로는 그 공격이 가치 있는 행위로 여겨지게 되기도 합니다. 특히 사이버상의 익명성은 그런 혐오적 공격을 죄책감 없이 더 광범

위하고 수월하게 만들어 줍니다. 만약 어떤 리더가 있어서 익명성 뒤에 숨어 혐오에 대한 '하이브 마인드'를 통제한다면 이에 동조하는 아이들은 자신들의 행위에 잘못이 없으며 오히려 공정한 사회를 위해 옳은 행동을 했다라고 생각할 수도 있습니다.

사실 편견이나 편향은 누구나 가지고 있는 것입니다. 남성으로 태어났다면 아무리 본인이 성평등한 의식을 갖고 있다고 자부하더라도 약간의 남성 편향이 존재할 가능성이 매우 높습니다. 한국인들은 알게 모르게 백인에 대해 좀 더 우호적입니다. (인종을 코미디 소재로 삼는 것을 비판한 샘 해밍턴과 샘 오취리에 대한 여론이 다르게 반응했던 것만 봐도 그렇습니다.) 이처럼 기계적 중간에 서지 못하고 약간이나마 편향이 있는 것이지요. 그런데 그 편향이 집단의식으로 발현되면 나의 편향은 조절되는 것이 아니라, 공격적 편견으로 변화합니다.

만약 내가 새로운 누군가를 만나게 된다면 그 사람에 대해 하나하나 알아가는 데에는 꽤 많은 시간과 정성이 필요한데, 대신에 그가 속한 집단의 전형(이것이 편견입니다.)으로 그 사람을 판단하면 그다지 수고로울 것 없이 빠른 판단이 가능합니다. 말하자면 지름길인 셈이지요. 그 지름길을 통해서라면 판단에 대한 별다른 스트레스 없이 나는 그 사람을 아주 잘 알고 있는 것만 같습니다.

하지만 그 사람에 대한 나의 판단(인종, 성별 등)이 '외부로 보여지는 것'은 완전히 다른 문제입니다. 사회적 비난에 대한 두려움 때문에 민감한 문제에 대해서 우리는 웬만해선 개인적 판단을 드러내지 않으려 하죠. 그런데 인간이 속에 가두고 있는 생각을 외부로 드러나지 않게 억제하는 데에는 꽤 많은 에너지가 소모됩니다. 그런데 만약 나의 내재적 편견에 따른 판단이 내가 속한 집단에서 지지받는다고 여겨진다면, 그리고 내 무리의 동료들도 함께 줄 거라 신뢰하게 된다면 어떻게 될까요? 나는 아마 내 판단을 외부로 드러내도 괜찮지 않을까 생각하기 시작할 겁니다. 더구나 만약에 그것이 사이버상에서처럼 익명성을 보장받는다고 하면 이제 나는 상대에 대한 일견 적대적인 판단과 비난을 표현하는 것을 크게 어려워하지 않을지도 모릅니다.

학교와 교실에서 한 무리의 아이들이 나약한 한 존재에 대해 집단적으로 린치를 가하거나 소외를 시키는 행위를 이렇게 비인간화나 하이브 마인드로 생각해 보면 어떨까요? 이렇게 본다면 집단의 행위에 방조하거나 동조, 강화하는 아이들 모두 하이브 마인드에 사로잡혀 있으며 친구를 인간이 아닌 존재로 만들어버리는 데 일조하는 것입니다. 혹은 방조하지도 않았다고 여겨지는 그저 교실에 가만히 앉아 책만 읽던 아이 역시도 그 집단의식의 형성 과정에 무관하다고 볼 수 없을 것입니다.

우리 어른들이 수행해 왔던 숱한 갈등과 싸움, 전쟁의 역사를 우리 아이들이 되풀이하거나 더 심각한 비인간화의 모습을 보이고 있다면 보호자인 우리 어른들의 역할은 무엇일까요?

아이들로 하여금 자신의 행위를 되돌아보며 재평가를 할 수 있는 안목을 길러줘야 합니다. 심리 치료에서 쓰이는 '인지적 재평가'라고도 하는 것입니다. 자신의 행위가 나와 다른 타인에게 어떤 영향을 미쳤고, 어떤 결과를 야기했으며 그로 인해 나의 자아는 어떻게 변질되었나를 스스로 고민하게 만들고 자발적으로 회복을 위해 책임질 수 있도록 해야 합니다.

그러나 불행하게도 현재의 학교폭력대책심의위원회에서 내리는 조치들로는 자신의 행위를 돌아다 볼 수 있는 가능성이 높지 않은 것이 사실입니다. 그 가능성을 높이려면 피해자인 친구가 어떤 영향을 받았는지를 일단 들어야 하는데, 학교폭력으로 사안이 접수되면 가·피해자 간 소통이 최대한 단절되며, 심의위원회 역시도 따로따로 진술을 듣기 때문입니다.

교육청의 조정제도인 '회복적 조정'은 피해자의 피해와 영향이 어떠한지 들려주고 그것을 통해 자신의 행위를 돌아보게 하는 것을 가장 중요한 내용으로 삼고 있습니다. 완전하지는 않겠지만 적어도 현 시점에서 집단의식의 위험에 내몰린 아이들에게 유의미한 전환점을 제시할 수 있는 가장 민주적인 절차입니다.

9.

성(性), 성인지감수성

[성인지감수성, 포괄적 성교육, 티핑포인트, 파국화현상]

예전 TV나 영화의 진부한 클리셰^(판에 박은 듯 쓰이는 문구나 표현)에 이런 장면이 있습니다. 사춘기 아이의 방문을 무심코 열었다가 아이가 화들짝 놀라면서 모니터 화면을 끄기는 했는데, 미처 스피커 볼륨은 끄지 못하는 장면 말이지요. 당황하는 아이를 보며 부모는 살며시 방문을 닫는 것으로 그 장면은 마무리되고, 이후의 장면은 대부분 가족이 어색하게 테이블에 마주 앉아 아무 말도 하지 않고 화면 위로는 까마귀 한 마리가 '까악'대면서 지나가곤 했죠.

지금 머릿속에 비슷한 장면이 있던 영화가 몇 편 스윽 지나가실 겁니다. 제목까지는 기억나지 않더라도 아주 익숙한 장면이지요.

클리셰라는 것이 아주 진부한 장면들, 빤한 전개를 뜻하는 것이지만 달리 말하면 그만큼 현실에서 우리가 겪을 가능성 있는 모습이라는 뜻이기도 합니다.

아이는 성(性)적으로 빠르게 변화를 겪습니다. 그리고 생각해보면 우리도 그런 시기를 겪었습니다. 그런데 어른인 우리가 아무리 생각해 봐도 우리가 어렸을 시절에 겪었던 성장의 속도보다 지금 우리 아이들이 너무 빠른 것 같은 불안이 듭니다.

그건 우리의 부모님들도 마찬가지였을 것 같습니다. 우리의 부모 세대들은 우리에게 '성'을 쉬쉬하면서 본인들만의 영역으로 한계 지으려 했고, 모든 것을 다 알고 있던 우리는 그런 어른들의 모습을 보면서 그저 아무것도 모르는 척 연기를 하곤 했습니다. 그러면서 적어도 '성'적인 부분은 어른들과 아이들이 함께 공유해서는 안 되는가 보다 했었죠. 그렇게 아무도 말을 꺼내지 않아도 자연스럽게 '성'을 서로의 금기로 삼으면서 우리도 어른이 되었습니다.

어른이 된 우리는 이전과 달리 아이들과 툭 터놓고 '성'에 관한 이야기들을 하고 있을까요? 아마도 그러지는 못하는 것 같습니다.

우리 집에서 한바탕 클리셰가 휙 하고 지나갔다면 이제 부모인 우리는 어떻게 대응할까요? 아마 심각한 얼굴을 맞대고 대화를 나누겠죠. 누군가는 아이가 아무래도 요상한 동영상을 보는 것 같다, 올 것이 왔다고 하면서 세상 다 잃은 것 같은 표정을 짓고 있고, 또 누군가는 애써 담담한 표정을 지으며 그게 뭐 별거라고, 그 시기 다 그런다고 무심한 척하기도 합니다.

아이에게 '성'에 대해 어떻게 접근해야 할지 보호자가 서로 다른 인식을 확인하거나, 혹은 아이의 '성(性)적' 호기심이 행여나 '성적'에 좋지 않은 영향을 끼치지는 않을까 하는 걱정이 앞서기도 합니다.

아이가 성에 대해 호기심을 갖는 것은 자연스러운 것입니다. 아이는 자연스러운데 어른들이 자연스럽지 않게 대응하면 문제가 됩니다.

자녀와 부모 간에 성교육에 대한 인식조사를 살펴보면 부모의 71.8%는 성교육 최적의 담당자로 '성교육 전문가'를 꼽았습니다. 성교육 전문가라고 하자면 한때 TV 교양 프로그램에 출연해 성에 대해 거침없고 유쾌하게 입담을 쏟아내던 '구성애 선생님'을 떠올리면 될 것 같습니다.

하지만 청소년의 56.1%는 성교육 담당자로 '부모'를 원했고 '성교육 전문가'를 바란 청소년들의 비율은 겨우 2.4%에 불과했습니다. 아이들은 부모를 원하고 있습니다.

그런데 부모가 아이와 성에 대한 얘기를 나누는 것이 당연하다 생각되면서도 막상 우리 가정 내에서 해 보려고 하면 멋쩍은 상황만 상상이 됩니다. 그것은 어른인 우리가 '성'에 대해 얘기를 하고자 할 때 아마 머릿속에 '성'이라기보다 '성행위 또는 성관계'를 떠올리고 있기 때문이기도 합니다.

성관계나 성행위가 '성'의 주요한 부분이기는 하지만 그것이 전부는 아닙니다. 그것은 외부로 드러나는 행위에 해당하지만, 성은 좀 더 사회적인 관계, 역학적인 문제를 담고 있습니다.

프랑스 파리의 센 강에는 37개의 다리가 있습니다. 2006년 7월, 37번째 다리에 시몬 드 보부아르라는 이름이 붙여졌습니다. 파리의 다리에 사상 최초로 여성의 이름이 붙여진 것이지요. 시몬 드 보부아르는 1949년 책 『제2의 성』에서 "여자는 태어나는 것이 아니라 만들어지는 것"이라고 하면서 그저 자연적인 '성(sex)'이 아니라, 사회 문화적 관계에서 규정지어지고 요구되는 '성(gender)'에 대한 인류의 논의를 촉발시켰습니다.

부모가 해야 할 이야기는 '성행위'에 대한 것이 아니라 이 사회적 관계, 흔히 '젠더'라 불리는 것에 대해서입니다. 타고난 성이 아니라 '사회·문화적 성'인 젠더 말이지요.

평온한 주말 오전, 앞치마 두른 엄마의 경쾌한 도마질 소리와 냄비 뚜껑을 열고 찌개에 맛을 내는 달그락 소리, 아빠는 가정경제의 핵심적 역할자로서 희생의 아이콘이라는 부성애를 자극하면서 주말의 쉴 권리가 아빠에게 부여되는 것이 당연하다며 소파에 누워 리모컨을 만지작거리는 장면, 이 모습들은 이미 구시대적입니다. 남성생계부양자 모델은 남성이나 여성에게 지나친 전통성을 강요하면서 연애, 결혼, 출산, 돌봄, 노동 등에 무기력증과 세대 간 불통의 장치로 작동하고 있습니다. 아이들에게 다가갈 수 없다는 말이지요.

아이들만이 아니라 어른까지 포함해서 우리들 모두는 성별에 대한 고정관념에 대해 인식하고 사회·문화적 성(gender)이 갖는 문제점에 대해 예리하게 해석하는 힘이 필요한 시대가 되었습니다. 이것이 바로 '성인지감수성'입니다.

그 감수성을 바탕으로 우리는 일상생활이나 미디어(방송, 언론, 1인 미디어, 온라인 플랫폼과 SNS) 등에서의 표현이 혹여 사회적 약자를 향하고 있지는 않은지 살펴야 합니다. 파급력이 점점 커지고 있지만 쌍방향의 건전성에서는 전혀 견제받지 않는 이런 채널에서의 비난은 우리의 생각보다 빠르고 쉽게 혐오나 차별을 생산하며 불필요한 사회적 갈등을 부추기는 역할을 합니다.

2017년 한국의 갈등지수는 OECD 3위로 정치, 사회, 경제 부문에서의 갈등이 심각한 것으로 나타났습니다. 그에 비해 갈등해결지수 27위, 국민 1인당 900만 원의 갈등 비용을 지출하고 있다고 조사되었습니다. 5년도 더 전의 조사인데 지금은 조금이라도 더 평화로워졌을까요? 대부분은 아마 고개를 저으실 겁니다.

빅데이터 시대, 손에 들려 있는 스마트폰은 어느새 신체의 일부가 되었습니다.

성인들은 기상과 동시에 내 취향의 음악이 흐르고 자료를 검색하고 친구들과 소통하고 지하철에서 PT 내용을 수정하고, 업체 간 자료를 전송하고 막간을 이용해 영화 리뷰를 10분 만에 섭렵하고 퇴근 후 요리와 취침에도 스마트폰의 도움을 받습니다.

 학생들도 기상과 동시에 미처 다 끝내지 못한 과제를 음악을 들으면서 수행, 전송하고 게임과 유튜브 쇼트를 메뉴별로 시청하고, 쇼핑과 챗GPT로 궁금했던 포트폴리오를 만들어보기도 합니다.

 학생들은 다양한 SNS 채팅 어플을 선택하고 연동성이 좋은 채널 간 이동을 통해 교우 관계나 새로운 유저들과의 만남에 익숙합니다. 오늘의 청소년은 비대면을 통한 만남에서 어색함을 빠르게 소거해주고 보다 예쁘고 멋지게 만든 자신의 이미지로 속도감 있게 가까워지는 과정을 경험한다고 합니다. 스마트폰 안에서 더 빠르고 강렬하게 친밀감을 느낀다는 것이죠. 그런데 가족이나 가까운 친구들마저 알아차리지 못하거나 대수롭지 않다고 무시했던 '그 무엇의 결핍'을 갑자기 친근해진 스마트폰 속 상대가 어루만져 줄 때 아이는 완전히 무장해제당합니다. 온라인의 마법이 펼쳐지는 순간입니다.

 신체의 일부가 된 스마트폰 안에서 발생하는 폭력은 그래서 단순히 기계 안의 폭력이 아니라 그냥 '나의 폭력'이 됩니다. 그리고 그 전파성의 특성상 불특정 다수에게 유포, 복제될 수 있으며, 그 강력한 점화(촉발) 효과로 우리 세대가 겪었던 폭력의 결말과 아주 다르고 아주 빠르게 파국으로 치달을 수 있습니다.

 사이버상에는 단톡방, 카톡방 등 여러 방들이 있습니다. 그중에서도 가장 유명하지만 가장 잔인했던 방이 있었는데 바로 N번 방[2019년 텔레그램에 개설되어 불법 음란물을 생성하고 거래, 유포]입니다. 사이버 성폭력 범죄는 근절되지 않고 있습니다. 제2의 N번 방 사건이라고 하는 L사건이 있었고, 최근에도 육군 장교 출신이 미성년자를 상대로 여전히 N번 방과 거의 똑같이 성 착취물을 제작·배포하는 등 비슷한 사건들이 계속해서 발생하고 있습니다.

검찰과 경찰의 수사 노력에도 불구하고 제2, 제3의 가해자가 친밀감으로 위장해 우리 아이들의 약한 틈을 비집고 들어와 영혼을 혹사시키고 있습니다.

그런데 사실 인터넷을 통한 성착취물의 유포는 오랜 역사가 있었습니다. 웰컴투비디오, 버닝썬사건, 웹하드 카르텔, 더 과거로 가면 소라넷이 있었습니다. 이처럼 끔찍한 사건이 사라지지 않는 기저에는 물론 가해자들의 악질적이고 추악한 비윤리적인 인식을 근절하지 못한 것이 대부분이겠지만, 우리 일반 어른들 또한 책임 한 조각 정도는 갖고 있을 것이라고 생각됩니다.

어른들은 '처신을 제대로 했어야지', '당해도 싸네' 등으로 오히려 피해자를 일반적으로 비난하면서, 자녀에게는 경각심을 가져야 할 것이 어떤 것인지조차도 제대로 대화하려 하지 않습니다.

이처럼 보호자들이 자녀에게 성 관련 뉴스가 노출되는 것을 최대한 차단하려는 것, 그것이 오히려 역효과를 내고 있진 않은지 생각해 보아야 합니다. 정보의 원천 봉쇄는 정보에 대해 판단할 기회도 봉쇄한다는 효과를 냅니다. 우리는 아이들에게 가해자의 행동이 인간의 영혼과 존엄성을 얼마나 잔인하게 파괴하는 행위인지에 대해 분명히 말해 줘야 합니다. 자녀가 사회문제에 직면할 수 있도록 도와주고 비판적으로 접근하고 판단할 수 있게 대화를 나누어야 합니다. 그래야 우리 아이가 언제든 닥칠 수 있는 위기상황에 지혜롭게 대처하고 예방할 수 있는 존재로 성장할 수 있습니다.

2차 성징기에는 뇌가 폭발적으로 반응한다고 합니다. 외부의 자극에 이성적으로 판단하거나 체계적으로 필터링하는 전전두엽의 기능보다 감정과 쾌락을 관장하는 대뇌변연계의 급격한 반응이 나타나는 시기이지요. 청소년기에 아이는 순간적인 감정에 의해 행동으로 급발진할 가능성이 커집니다. 우리는 매 순간 우리 아이들이 이성적인 대응을 할 것을 기대하지만, 우리의 기대와는 반대로 즉흥적인 대응을 하는 아이들을 언제든 만나실 수 있을 겁니다. 어른들이 들려주지 않으면 아이들은 그 즉흥성만을 경험으로 축적할 것입니다.

실제로 〈성(性)적인 일로 인한 피해〉를 주제로 학생들과 대화를 해 보면, 많은 학생들은 확인되지도 않은 '그 소문'에 초감각적 상상력을 대입해가며 낄낄대며 집착하는 모습을 보입니다. 피해자가 겪었을 수치감, 그 모욕적인 상황에 대해 진실로 함께 이해해 주기를 기대하는데, 그 피해를 이해하기 위해 굳이 에너지를 쏟으려고 하지 않는 아이들이 정말 많습니다. 만약 아이들이 이런 모습을 보인다면 보호자나 어른들은 '정의로운 꼰대'가 되어도 괜찮습니다.

"어떤 이유로든 피해자의 고통을 즐기는 건 폭력"이며, "누구나 피해자가 될 수 있"고, 그것이 "피해자의 책임이 아닌" 만큼 지금 보이는 "너의 호기심을 멈추"고, "너의 연대가 피해를 확산시키지 않는 중요한 모습이"라는 것을 가르쳐야 합니다.

아이와 성(性)적인 대화를 하려 한다면 단계별로 주제를 정하고 해 보는 것도 좋을 것 같습니다. 우선 남녀의 생물학적 몸이 어떻게 다른지, 그다음으로는 생애주기별로 어떻게 변하는지 얘기를 찬찬히 나눠 보는 것이지요. 자신의 몸을 이해했다면 나와 다른 타인을 이해하는 공부가 필요합니다. 이성에 대한 호감이라는 다양한 감정은 무엇이며 왜 느껴지는 것인지 자녀와 소통하면서 찾아보는 것을 권합니다.

현재의 부모와 아이의 몸에 대해 얘기를 나눌 때 만약 풋웃음$^{부끄러운\ 상황에\ 대한\ 생리적\ 현상}$이 있었다면 그것에 대해서도 함께 대화를 나눠 보셔도 좋습니다. 그리고 아무렇지도 않은 것 같아 보이는 이 웃음이 혹시 사회적 편견이나 고정관념에서 비롯된 것은 아닌지 살펴보는 것도 필요합니다. 고정관념은 아이에게만 국한된 것은 아닙니다.

아이들이 고정관념을 가지고 있다면 어른인 우리가 아이에게 그 위험성에 대해서 언급해 줄 수 있지만, 만약 어른인 우리가 성에 대한 고정관념을 가지고 있다면 어떨까요? 아이들의 당돌한 질문만으론 우리의 고정관념은 고쳐지지 않을 가능성이 큽니다.

우리의 고정관념은 어른 자신의 노력이 필요합니다. 아이와의 대화 과정을 통해 깨우칠 수도 있지만, 어른인 우리가 사회의 약자에 대한 관심을 가지고 권력의 무비판적인 사용, 폭력에 대한 관용 등에 대해 끊임없이 성찰하여야 할 책임이 있습니다. 우리의 성찰을 아이에게 들려주어야 합니다.

2018년 유네스코는 '국제 성교육 가이드'에서 〈포괄적 성교육〉 커리큘럼을 발표했습니다. 아동·청소년들에 대한 과학적 임상을 근거로 검증된 연구와 팩트에 기반을 둔 내용인데요. 연령과 발달수준에 맞게 성에 대한 인지·감성·신체·사회적 측면을 종합적으로 가르쳐야 한다는 국제적 합의이자 표준입니다.

여기에는 삶의 가치관, 젠더의 이해, 폭력과 안전, 건강과 복지, 인체와 발달, 성적 행동 등이 포함되어 자신과 타인을 존중하고 이해하며 건강하게 관계를 형성하는 삶의 태도를 가르쳐야 한다는 교육관이 담겨 있습니다. 연구에 따르면 포괄적 성교육을 도입한 국가나 도시에서는 첫 성행위 연령은 늦춰지고, 위험한 성적 행동이 줄어든다는 긍정적인 결과가 나타났다고 합니다.

학교의 성교육 커리큘럼에도 기본적으로 이런 내용들이 담겨 있지만, 한국은 여전히 신체 발달과 재생산에 집중되어 있으며, 최근 들어서야 폭력과 안전에 대한 관심도가 높아지고 있다고 보입니다. 교육 당국과 학교도 앞으로 그 방향에 대해 진지한 고민을 해 나가겠지만, 아이들이 가장 친근하게 가르쳐주길 바라는 부모가 이런 포괄성 있는 접근을 보여주는 것이 훨씬 의미 있을 것입니다.

학교폭력으로 접수된 사안 중에는 피해 학생을 실추시키기 위해 성(性)적인 험담을 생산하거나 낙인찍는 일들이 꽤 있습니다. 아무런 죄책감 없이 피해 학생의 인격을 파괴해 버리는 그 저격의 말들이 위험한 이유는 가해 학생들이 그저 장난으로, 또는 농담으로 했다고 방어하면서 자신이 처해 있는 문제의 심각성을 느끼지 못하는 데에 있습니다. 피해자의 일상은 파괴되는데 행위자는 농담이라고 합니다. 가해 학생들의 이런 태도는 피해자에게 어느 한순간 '티핑포인트^{더 이상 예측도 조절도 안 되는 시점}'나 '파국화 현상^{부정적 생각이 극단적으로 진행되는 상황}'을 불러올 수 있습니다.

성 사안에서 피해자나 가족이 고통스러운 것은 그 일을 겪을 당시도 있겠지만 이후의 절차에서 피해를 끊임없이 소명해야 하는 것이라고 합니다. 그들은 혼자의 시간, 혼자의 공간에서조차 그 진득한 피해의 경험을 떨쳐버리지 못하는 지독한 고통을 겪습니다. 성 사안은 그래서 결코 순간의 폭력이 될 수 없습니다. 행위는 일회적이어도 영향과 고통은 지속적입니다.

지원은 더디고, 절차는 버거우며, 시선은 따갑습니다.

성 사안만큼 피해자 비난이 흔하며 2차 피해가 일상적인 것도 없습니다.

"그런 얘기 들을 만했겠지", "처신을 어떻게 하고 다니길래…" "지 잘못은 생각도 안 하고 우리 아이를 신고를 해?"

성 사안에 피해자 비난이 많은 이유는 몇 가지를 들어볼 수 있을 텐데 첫째는 젠더의 차이, 즉 남성 권력의 여성 권력의 차이를 들 수 있습니다. 그리고 두 번째는 성 사안의 특성상 피해자가 자신의 피해를 적극적으로 소명하기 힘들다는 데에 있습니다.

또 다른 이유는 정말로 장난으로 그랬다고 생각하는 가해자입니다. 다른 두 이유도 교육이 필요하지만, 이것은 성에 대한 교육이 제대로 이루어지지 않은 직접적인 결과가 됩니다. 성인지감수성이 길러지지 않은 결과는 타인의 고통에 대한 무감각입니다.

성 사안을 조정으로 다루는 경우는 많지 않습니다.

사안의 특성상 함부로 다뤄서는 안 되기 때문입니다. 실제로 회사 등 일반 조직 내에서는 성희롱이나 성추행 사건이 발생하면 적극적으로 조정으로 유도하지 않도록 지침으로 구성되어 있습니다.

성 사안이 회복조정으로 올라온다면 심도 있는 분석과 검토 후에 피해 학생과 보호자가 조정을 하고자 하는 이유를 살피고 결정하게 됩니다. 혹여 조정이 사후 피해에 영향을 주지는 않을지 꼼꼼한 심사를 거쳐 이루어집니다. 또한 행위 학생 측이 피해가 확산되지 않기 위한 최선의 노력을 가시적으로 마련할 것을 주문한 후 조정이 개시됩니다.

만약 경찰 수사가 진행되고 있다면 그 절차가 마무리된 후 진행하는 것을 원칙으로 합니다. 전문상담기관과의 면담이나 학교에서의 선조치가 있었는지 확인하고, 필요에 따라 학교의 능동적인 역할을 주문하기도 합니다.

무엇보다도 피해자의 2차 피해, 가해자나 제3자의 2차 가해가 발생하지 않아야 한다는 기본적인 원칙이 있습니다. 예비조정에서 가해학생 측과만 만나더라도 피해자를 비난하는 등 2차 가해의 정황이 확인되면 조정은 바로 중단되어야 합니다.

10.

아이의 **관계에 대한 노력**

[관계의 불평등 - 지위, 순서, 크기, 표시]

순창의 한 여자 중학교 교장실에는 독특한 벽이 있습니다. 지금의 교장 선생님께서 부임하신 지 얼마 되지 않아서 찾아뵌 적이 있었는데, 그간 많은 학교를 다녀봤지만 보지 못했던 벽이었습니다. 벽에는 1학년 1반부터 3학년 3반까지 모든 아이들의 웃는 얼굴이 그 이름과 함께 빼곡히 사진으로 채워져 있습니다. 매일 같이 벽에서 웃고 있는 그 얼굴들을 보며 교장 선생님께서는 한 명 한 명 이름을 되뇐다고 합니다.

아주 작은 관계에서조차 노력이 필요합니다. 하물며 삶의 커다란 인연으로 만나 누군가에게는 강렬한 이정표가 될지도 모를 관계가 교사와 학생입니다. 교사의 말 한 마디와 몸짓 하나가 아이들은 그 순간 느끼지 못해도 그 어떤 어른의 말뭉보다도 혈관 속에 각인됩니다. 그러다가 10년이 지나 술자리에서, 20년이 지나 동창회에서, 30년쯤 후부터는 가끔 돌아볼 때마다 때마침 불어오는 바람이 지나는 동네 어느 어귀쯤 벤치 위에서 문득 떠오를 것입니다. 사람의 삶은 어차피 오늘 살아내는 이 순간을 제외하고는 온통 기억뿐일 겁니다. 그 기억이 좋은 기억이었으면 좋겠습니다.

'관계'와 '기억'은 언제나 일방향이 아니라 쌍방향을 전제로 합니다. 순창의 교장 선생님이 머리를 쥐어짜며 기억하려 애쓰는 매일의 아침 시간도 벽에서 환하게 웃어주고 있는 아이들이 있기에 가능하듯이 말입니다.

선생님과 학교에 대한 기억이 좋은 기억으로 아이들에게 남기 위해서도 여러 삶의 주체들의 상호적이고 관계적인 노력이 필요합니다. 이 중에 부모님들께 부탁드리고 싶은 것은 '신뢰하고자 하는 마음'입니다.

'신뢰'가 아니라 '마음'입니다. 무작정 믿어달라고 하는 것이야 가끔씩 눈살을 찌푸리게 하는 정치인 몇몇의 흔한 구호로 남겨 둡시다.

그렇다면 '신뢰하고자 하는 마음'은 어떻게 생길까요?
우선 학사 일정에 관심을 가지셔야 합니다. 우리 아이가 1년간 학교에서 어떤 생활을 하고 있는지 최소한 그 굵직한 일 정도는 알고 계셔야 합니다. 만약 부모님께서 서비스업에 종사하고 계시다면 단 한 명의 고객에 대해서도 그분의 기념일 날 최소한 문자로 축하를 보내고 계실 가능성이 큽니다. 그 생면부지의 고객보다는 훨씬 더 소중한 우리 아이가 어떤 성장기를 거치고 있는지 알아야 합니다. 최소한 우리 아이는 그 고객보다 더 부모의 관심을 받아야 할 권리가 있습니다.

두 번째로 적어도 상담주간에만큼은 담임교사와 얘기를 나눠 보셔야 합니다. 교사는 우리 아이만 만나는 것이 아니라 수십 명의 아이들과 만나고 그들의 이야기를 들어야 합니다. 담임교사에게 주어진 시간은 1년이지만 사실 교실 안에서의 관계와 질서는 5월 정도 이후면 어느 정도 가닥이 잡히게 됩니다.

그러니까 대략 3개월 정도 안에 질서가 정해지고, 일단 정해진 질서는 반 아이들에게 암묵적인 관계의 압박이 됩니다. 그 질서가 어떤 아이들에게는 매우 익숙한 것일 수 있지만, 그 압박이 어떤 아이들에게는 드러내지는 못하지만 마음 한 켠이 어둑한 불편함으로 작동하고 있을 수도 있습니다. 그런 아이들이 생기지 않으려면 선생님은 아이들에 대해 좀 더 많은 것을 알고 있어야 합니다. 그러니까 얘기를 들려주세요. 우리 아이가 '이런 것 잘해요'도 좋고 '이런 것에 불편해해요'도 좋고 '이런 것이 걱정돼요'도 좋습니다. 다만 다른 아이와 경쟁적인 상황을 바라는 것만 아니면 됩니다.

이와 관련해 특별히 당부드리고 싶은 것이 있습니다. 교사도 우리와 같은 사회인일 뿐 특별한 누구는 아닙니다. 그분들에게도 개인적인 사생활이 있습니다. 나와 내 아이가 존중받고 싶어 하는 만큼 교사들도 충분히 존중받아야 합니다. 전화로 상담하실 내용이 혹시 길어질 것 같다고 생각이 되신다면 되도록 퇴근 이후에는 삼가주시면 어떨까요? 내가 퇴근 후에 쉬어야 하는 것처럼 교사도 퇴근 후에 쉴 권리가 있습니다. 그래서 당장 선생님의 스마트폰으로 전화하고 싶은 것을 꾹 참고 일단 학교 교무실에 전화해서 통화하고자 하는 선생님이 언제 상담 가능한지 먼저 알아보고 시간에 맞춰 얘기를 나눠 보시기 바랍니다.

현대 철학은 그렇게 보는 것 같지는 않지만, 근대 이후 사람은 누구나 자유의지를 갖고 있다고 생각했습니다. 자신의 취향도 그렇고 만나는 친구도 그렇다고 생각했겠지요.
그런데 조금만 생각해 보면 그것이 말처럼 자유롭지는 않다는 것을 알게 됩니다. 지금 내가 좋아하는 음식인 김치찌개는 집에서 많이 해 먹던 익숙한 음식인데, 그것이 왜 익숙해졌냐 하면 몇 번 해 먹어 봤는데 맛있다고 여겨졌기 때문입니다. 사람마다 좋아하는 음식이 조금씩 다른 이유는 항상 그들의 경험과 환경에 달려 있습니다. 아이들이 먹어보지도 않은 푸아그라를 좋아한다고 할 수는 없는 노릇이지요.

친구도 마찬가지입니다. 지금 내가 만나는 친구는 내가 자란 동네에서 가까운 학교에 다니는 친구입니다. 순창의 한 여중생이 강남구 도곡동 타워팰리스에 사는 여중생과 친구가 되기는 어려울 겁니다. 물론 우연한 기회로 사이버상에서 만날 수는 있겠지만 말이지요. 땅끝마을의 여중생과 분당의 남중생이 친구로서의 스펙트럼이 같다고 할 수 있을까요? 선뜻 그렇다고 대답하기는 어려울 것입니다. 이런 점에서 대부분의 관계는 무한의 선택지가 놓여 있는 '자유'롭고 '평등'함을 전제로 한다고 볼 수 없습니다.

관계의 불평등은 주로 어디서 올까요?
첫 번째는 '지위'의 차이입니다.
사람마다 지위가 있습니다. 그것이 직장에서의 직급일 수도 있고, 가정 내에서 자신에게 붙여진 엄마, 며느리, 아빠, 사위라는 명칭일 수도 있고, 학급에서 반장일 수도 있습니다. 지위의 차이는 무엇인가 결정해야 하는 순간에 가장 두드러질 텐데 이로 인해 서로 간에 관계의 우열이 결정됩니다. 집단 학교폭력에서 소위 짱에게 눌려 시키는 대로 하기만 했다던 그 수많은 동조자들에게도 관계의 불평등이 있습니다.
대부분의 사람들은 명확하게 지위에 따른 관계의 불평등을 인식하고 있을 겁니다. 그래서 기를 쓰고 높은 지위에 오르려 하고, 기를 쓰고 경쟁에서 이기고자 합니다.

두 번째는 '순서'의 차이입니다.
한 실험에서 8개 집단에 대한 몇 개의 음악을 대상으로 음악 선호도 조사를 했다고 합니다. 무작위로 뽑힌 실험 대상들이었던 만큼 선호 음악 역시 다양하게 나타날 것으로 생각이 되지만 재밌게도 각 집단별로 높은 선호도를 차지했던 음악들은 음악적 완성도라기보다 '좋아요'의 개수가 많았던 음악이었다고 합니다. 그러니까 다른 사람들이 어떤 음악에 대해 좋아요를 눌렀는지를 보고 나의 선호를 결정했다는 뜻입니다. '눈치를 본다', '대세를 따라간다'가 바로 이에 해당되는데 관계에서도 마찬가지입니다.

교실에서 소외를 겪고 있는 아이가 있어도 나는 선뜻 그 아이에게 다가가 말을 걸기가 쉽지 않습니다. 다른 아이들이 어떻게 생각할까가 훨씬 걱정되기 때문입니다. 이때 누군가가 먼저 시도하고, 이후 두세 명이 그 아이와 웃으면서 얘기를 나누는 모습을 본다면 나도 이제 부담이 덜어지는 것이지요. 반대로 아이들이 서로 눈치를 보는 상황만 지속된다면 우리 반의 누군가는 일 년 내내 외로울 수도 있다는 것을 의미합니다.

세 번째는 '크기'의 차이입니다.

이것은 간단합니다. 5명의 무리가 내는 관계성이 1명이 내는 목소리보다 힘이 세다는 의미입니다.

네 번째는 '표시'의 차이입니다.

우리는 사람을 판단할 때 지금 눈앞에 있는 상대를 있는 그대로 받아들이지 않습니다. 저 사람이 어떤 직업을 가졌는지, 연봉은 얼마나 되는지, 생활 수준은 어떤지, 어떤 학교를 나왔는지에 따라 우리의 관심도는 차이가 나고 그 차이에 따라 그들을 대하는 우리의 태도도 달라집니다.

그것을 알고 있는 우리는 상대가 나에게 더 많은 관심을 갖도록 애쓰게 되는데 드러내놓고 연봉이 얼마가 된다느니 할 수는 없는 노릇이니 그것을 표현해 줄 다른 매개체를 선택하게 됩니다. 명품 옷과 명품 가방이 그것일 수도 있고, 개인 SNS 계정에 파인다이닝 사진이나 해외에서 여가를 즐기는 사진을 올리는 행위들도 비슷한 맥락으로 이해할 수 있습니다. 소위 '뽐내고 싶어'하는 모든 사람의 기저에는 상대방이 그것을 '알아주어야' 한다는 강박이 존재합니다.

아이들도 마찬가지입니다. 어른보다 훨씬 인스타그램과 SNS의 게시물에 관심을 가지며 팔로워 수를 신경 쓰고 누군가가 언팔이라도 한다면 온 신경을 거기에 쏟아붓습니다. 영화 베테랑에는 형사 황정민의 "우리가 돈이 없지. 가오가 없냐"라는 대사가 있는데 이 '가오'를 중요시하는 아이들이 꽤 많습니다. 가오의 뜻을 살펴보자면 체면, 명예 정도인데 쉽게 말하면 잘난 척이며 아이들은 비슷하게 '간지'라는 표현도 사용합니다. 학교폭력 사안을 들여다보다 보면 중간중간이 '가오와 간지 때문에' 벌어진 일들도 꽤 많습니다. 어른들이 보기에는 허세일 수 있지만 아이들에게는 그것이 관계의 우열을 가르는 중요한 문제이기 때문입니다.

모든 관계가 똑같아야 하지는 않습니다. 하지만 불평등한 관계를 아이들이 배우지는 않았으면 좋겠습니다. 학생 시절에 체득한 불평등은 자칫 평생을 관통하는 가치관이 되어 부조리한 일에도 쉽게 체념해 버리고 그 부조리를 수동적으로 받아들이는 어른으로 성장하는 이유가 되기도 합니다.

  아이들에게 '현실은 시궁창', '이번 생은 망했어'라는 디스토피아를 들려줄 필요는 없습니다. 우리의 현실과 암담한 이번 생을 우리 아이들은 물려받지 않도록 하는 것이 어른들의 역할이고, 평등한 관계와 민주적인 과정을 거친 아이들이 자라서 그 현실을 개선해 나가는 주체로 역할하도록 하는 것 역시 우리의 사명입니다.

  그러기 위해서 적어도 아이들에게 보여지는 관계는 평등해야 하고, 또 그러기 위해서 노력이 필요합니다.

  '관계를 위한 노력'

  아이들에게 지식보다 더 크게 담겨야 할 배움입니다.

  강천산을 등반하시거나, 채계산 출렁다리를 건널 요량이시거나, 진짜배기 고추장이 궁금해서 순창에 다녀오실 계획이 있으신데 혹여 시간과 마음의 여유가 있으시다면 순창여중의 최순삼 교장 선생님을 만나서 차 한잔 나누고 오시기를 권합니다.

  뿔테 안경 너머 선한 눈자락으로 건네주시는 3분짜리 철학 한 소절 찻잎으로 띄워 몸 안으로 흘려 보내보시기 바랍니다.

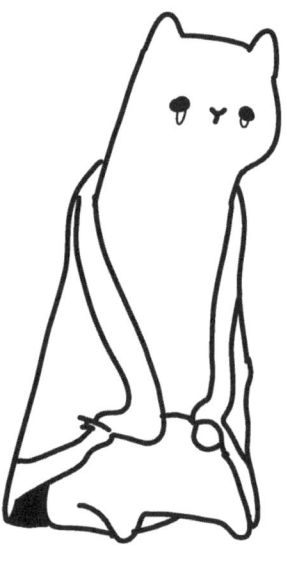

11.

아이의 심리적 곤란함

[나르시시즘, ADHD, 분노조절장애, 반사회적 성격장애]

지금 교실 안에 있는 아이들은 우리들이 다녔던 예전의 아이들과는 조금 다른 것 같습니다. 우리가 학교 다닐 때를 생각해 보면 획일적인 공부 지도가 이루어졌었고, 공공연하게 교사의 체벌이 허용되기도 했습니다. 그리고 사교육보다 훨씬 높은 비중으로 공교육이 아이들의 지식을 책임지고 있었으므로 보호자가 학교를 거의 전적으로 신뢰하던 시기이기도 했습니다. 이때의 교사들이 한 교실 안에 40명, 50명씩 아이들을 콩나물시루처럼 모아 놓아도 충분히 관리가 가능했던 것은 다 이런 이유 때문이었습니다.

지금 교실의 학생 수는 어떤가요? 전라북도의 경우 2022년 기준 학급당 평균 학생 수가 초등학교는 17명, 중학교는 23명, 고등학교는

21명입니다. 학생 수로 따지면야 교사들의 업무 부담이 경감되어야 맞겠지만 실상은 전혀 아닙니다.

군사문화의 잔재가 남아 있어 획일적이었던 아이들은 그야말로 개성이 넘치고 다채로운 무지갯빛 개구쟁이들이 되었습니다. 당시에는 교사들이 근처에서 가장 고학력자였고 상대적으로 교육수준이 높지 않았던 당시의 부모들은 이제 상당수가 대학 이상의 교육을 받고 해당 분야의 전문직으로 종사하고 있습니다.

더 이상 아이들은 교사에 대한 맹목적인 존경을 하지 않으며, 부모들 역시 교사에게 그다지 많은 신뢰를 보내지 않습니다. 그러는 와중에도 아이와 부모 모두 교사와 학교에 대해 '개별적'인 돌봄을 요구합니다. 학생들 50여 명만 관리하면 됐던 교사들은 이제 그 보호자들까지 함께 지속적으로 소통해야 합니다. 서로에 대한 기대가 줄어드는 대신에 서로에 대한 욕구와 피곤함이 구조적으로 점점 커지고 있습니다. 인권침해 사례와 교권침해 사례는 산술적으로 증가하고 있습니다.

교실은 어떻게 변해갔을까요? 교실이 민주화되는 대신에 수업의 집중력이 유지되기 힘들어졌습니다. 한때 스마트폰을 수거하기도 했지만 현재 많은 학교에서 인권을 고려하여 스마트폰 수거를 하지 않습니다. 쉬는 시간마다 아이들은 음악을 듣거나 게임을 합니다. 관심이 없는 과목이라면 중학교 때부터는 잠자는 것을 서슴지 않으며, 아예 다른 과목 학원 숙제를 펴놓고 공부하는 아이들도 있습니다. 하지만 아이들도 나름대로 해야 할 것이 많아졌습니다. 우리 때와 달리 진로에 대한 구체적인 고민을 해야 하고, 고교 학점제가 새로이 실시되며, 과목별 세부 능력 및 특기 사항 일명 '세특'이 대학입시를 좌우할 중요한 변수로 떠올랐으니 수능과 수행평가 말고도 신경 써야 할 것이 많아졌습니다.

이러한 분위기에서 학교폭력 사안이 생기부에 기재되느냐 여부는 학교 3주체 모두에게 아주 예민한 문제가 됩니다. 심의위원회가 내리는 조치는 분명히 '교육적' 조치이지만, 그것이 생기부에 기재되는 것은 다른 문제입니다. 그것은 상급학교의 진학에 직접적인 영향을 줄 수 있을 만큼 '징벌적'입니다. 그런 이유로 생기부에 학교폭력 조치 여부를 기재하는 것은 이중처벌이라는 반대의 목소리들이 많았던 것도 사실입니다만, 현재 학교폭력에 대하여 엄벌을 요구하는 사회의 분위기상 앞으로도 조치의 생기부 기재는 유지될 것으로 보입니다.

다만 나름 '교육적' 조치로서의 성질을 완전히 포기하지는 않았는데, 조건이 맞다면 기재를 유보하는 것입니다. 조건은 이렇습니다.
첫째, 1호 서면사과, 2호 접근금지 및 보복 금지, 3호 교내봉사에 한해서입니다. 그러니까 4호 조치 이후로는 기재 유보를 하지 않습니다.
둘째, 내려진 조치를 이행하는 것을 전제로 합니다.

셋째, 가해 학생이 동일학교급에서 또 다른 폭력 사안으로 조치를 받지 않아야 합니다. 만약 다른 조치를 또 받는다면 유보된 이전의 조치가 함께 기재됩니다.

이처럼 아이들도, 부모들도, 교사들도 각자가 신경 써야 할 부분은 많아지고 갈등에 있어서 소통에 대한 부담도 커지며 자칫 잘못 대응했다간 자신의 생기부에 문제가 생길 수 있는 소지가 있다 보니 같은 공간에 있는 상대를 대화의 파트너로 받아들일 여지는 점점 줄어들고 있습니다. 그러면서 많은 학교의 구성원들이 심리적 문제를 겪고 있다고 합니다. 학교폭력을 경험한 피해자든 행위자든 많은 아이들은 심리적인 문제를 호소하고 실제로 정신과적 치료나 심리상담을 진행하는 경우가 허다합니다.

아이들이 겪는 심리적 어려움들을 한 번 살펴보겠습니다.

1.
첫 번째로 자신의 결정에 엄청난 확신을 가지고 극단적으로 자기만을 사랑하는 나르시시스트인 학생들이 있습니다.
그리스 신화에서 강물에 비친 자신의 모습을 사랑한 나머지 물에 빠져 목숨을 잃은 나르키소스처럼 이 아이들은 오로지 자신만을 사랑하는 모습을 보입니다. '완벽한 사람은 아무도 없다'라는 말은 이들에게 아무런 위안도 주지 못합니다. 본인만을 가장 특별한 존재로 생각하기 때문에 그렇습니다. 하지만 역설적으로 자기를 포함해서 아무도 사랑하지 못합니다. 왜냐하면, 그들이 사랑한 자신은 진짜 자신의 모습이 아니라 물에 비친 그림자일 뿐이니까요. 그런 의미에서 나르시시스트는 자기혐오자입니다.

이 아이들에게 가장 두려운 감정은 수치감이며 무슨 수를 써서라도 창피함을 겪고 싶어 하지 않습니다. 이들에게 모든 종류의 경쟁은 자신의 우월함을 확인하는 과정이어야 합니다. 그렇기 때문에 승리를 확신할 수 있을 때에만 경쟁에 뛰어들려고 하는 모습을 보입니다. 이런 나르시시스트 앞에 어느 날 자신이 가지고 있지 못한 '그 어떤 것'을 가진 특별한 존재가 나타나면 그 존재에게는 '시기'하는 마음을 감추고 '경멸'로 대응합니다.

학교폭력 사안에서 피해자로 나르시시스트가 서 있다면 문제의 평화적 해결은 쉽지 않을 가능성이 큽니다.

피해자가 된 아이는 자신이 가장 원치 않는 수치감을 상대가 주었다고 생각하고 가해자인 상대가 자신이 갖지 못한 어떤 힘을 갖고 있다고 여겨지는 것을 참을 수 없어 합니다. 때문에 그 무엇으로도 용서하고 싶은 마음이 생기지 않습니다. 상대의 사과도 받아줄 생각이 없고 사과를 한다 해서 자신이 상처받은 입지가 되살아날 것이라고 기대도 되지 않을 것입니다.

잃어버린 자신의 입지를 되찾는 것은 오로지 상대에 대한 강한 처벌이며 이를 통해 상대보다 우월한 자신의 권력을 확인받고자 합니다. 이쯤 되면 부모가 적극적으로 나설 수밖에 없게 됩니다. 부모는 강한 처벌을 요구하는 아이를 대신해서 여러 요구들을 구체적으로 대신하게 되는데 사실 이것은 부모 역시 자기 아이의 자기애적 성향에 눌려 있기 때문이기도 합니다.

나르시시스트들은 진짜 자기를 바라보거나 혹은 진짜 자기의 모습을 검증할 수 없습니다. 그리고 웬만해선 누구도 그 진짜 모습을 객관적으로 바라보라고 설득해낼 수도 없습니다. 친구들도, 교사들도 그럴 겁니다. 이제 유일한 키는 부모가 쥐고 있습니다. 많은 경우 나르시시스트가 된 아이들은 부모의 양육과정에서 영향을 받았을 가능성이 크기 때문에 이것에 대한 기대가 높지 않은 것도 사실이지만 그러니까 더욱 부모가 아이에게 끊임없이 진짜 세상에 대한 얘기를 들려줘야 합니다. 그들이 두려워하는 창피함은 다른 친구들처럼 사실은 아무것도 아니라는 안심도 들려줘야 합니다.

2.
국내 연구에 따르면 초등학생의 5% 정도가 ADHD 증상을 가지고 있다고 합니다.
그러나 단순히 산만하다고 해서 ADHD라고 보아서는 안 된다고 합니다. 아동의 행동을 직접 관찰하고 주의집중 능력과 문제 행동을 확인할 수 있도록 하고 소아청소년 정신과 전문의와 상담하는 것이 가장 중요하며 행동장애이기 때문에 약물치료를 적극적으로 고려해야 한다고 알려져 있습니다.

그런데 이 아이들이 또래 친구와 일반적인 교실에서 함께 생활하면서 당연하게도 여러 가지 문제가 발생할 수 있습니다. 주의력 결핍으로 친구들에게 놀림을 당하기도 하고 따돌림의 대상이 되기도 합니다. 때로는 다른 친구들의 활동을 방해하고 간섭하는 등의 과잉행동이 그 친구들에게는 폭력적인 모습으로 비치기도 합니다.

또한 학교생활에서나 일상생활에서 어른들은 충동적이고 산만한 아이의 행동 때문에 야단이나 꾸중을 자주 하곤 할 겁니다. 이런 주변의 반응은 아이로 하여금 증상이 더욱 심해지는 악순환을 불러올 수도 있고, 자존감 형성에 심각한 방해가 되기도 합니다.

다른 아이들에게도 마찬가지여야 하지만 이 아이들에게는 꾸중을 하는 방식의 교육보다, 최대한의 칭찬을 통해 자신의 올바른 행동에 대한 긍정적인 피드백을 더 많이 경험하도록 해 주어야 합니다.

3.
세 번째는 분노조절장애입니다. 학교폭력의 가해자 측의 보호자나 당사자가 생각보다 많이 거론하는 증상입니다. "우리 애가 분노조절장애가 있어서 그랬다. 특별히 나쁜 의도가 있어서 그런 것이 아니다" 뭐 이런 방식입니다.

그런데 특정한 한 상황에서 파괴적인 형태로 나타나는 분노조절장애가 그 행위 당사자에게는 극복해야 할 현안의 문제이긴 하지만, 그 피해자인 상대방은 '마른하늘에 날벼락 맞는 듯'한 고통을 겪어야 합니다. 피해자에게는 느닷없는 폭력인 셈이고 이해가 되지 않는 상황일 겁니다. 그럼에도 불구하고 행위자의 행위 특성이 '분노를 조절하는 데 장애가 있어서 그런 거'니 이해해 달라고 요청한다고 해서 그것을 들어줘야 할 하등의 이유가 피해자에게는 없습니다.

점점 더 많은 아이들과 성인들이 분노를 조절하는 데 애를 먹고 있습니다. 어느 한 항공사의 땅콩회항 사건에서 보여진 것처럼 상위 1%의 사람들조차 극단적인 분노와 폭력의 모습을 다스리지 못하고 드러내고 있는 것이 우리 사회입니다. 이 사건을 기점으로 한국에서는 자신이 분노조절장애가 아닌지 상담하려는 사람들이 폭발적으로 늘었다고 합니다.

사실 분노를 조절하지 못해서 그랬다는 것은 아무런 변명이 되지 못합니다. 분노를 조절하지 못한 것을 피해자나 사회가 이해해야 할 이유는 없습니다. 분노조절장애를 호소하는 많은 경우 행위자들의 분노는 자신보다 약한 존재를 향하는 경향성이 있습니다. 가정폭력을 상습적으로 행사하는 남편이, 땅콩회항 사건처럼 조직에서 절대적으로 높은 직급에 있는 사람이 말이지요. 이처럼 약자에게 늘 폭력적인 성향을 드러내던 사람이 폭력을 행사해 놓고서는 술김에, 홧김에 분노를 조절하지 못했다고 변명하는 경우가 많습니다.

그래서 분노조절장애를 주장하는 많은 경우의 실상은 선택적 분노 행사에 해당합니다. 학교폭력에서 만약 분노조절장애를 주장하는 가해자가 있다고 해서 그것이 정상참작의 여지가 될 필요는 없다는 것이 이런 이유입니다.

4.

통계에 따르면 소시오패스는 전체 인구의 약 4%, 대략 100명이 모인 집단에서는 98%의 확률로 최소한 한 명 이상의 소시오패스가 있는 것으로 알려져 있습니다. 사이코패스는 100명 중 1명꼴입니다. 그러니까 100명 중에서 5명 정도는 반사회적 성격장애라고 일컬어지는 소시오패스이거나 사이코패스가 존재할 수 있다는 뜻입니다.

우리는 얼핏 이들을 잠재적 범죄자로 간주하는 경향들이 많은데 이는 다른 측면에서 바라볼 필요가 있습니다. 2021년 강력범죄 발생 건수는 22,476건, 검거 인원은 23,305명입니다. 그런데 통계적으로 5천만의 5%는 250만 명이지요. 강력범죄 검거 인원인 23,305명은 이 250만 명의 대략 100분의 1입니다. 10년간 합쳐도 대략 10분의 1이겠지요. 이것만 보아도 반사회적 성격장애를 겪는 모든 사람들이 무시무시한 범죄자가 된다는 결론에 도달할 수는 없습니다. 또한 23,305명 중에서도 소시오패스가 아닌 일반인의 비율이 훨씬 더 많습니다. 그러니까 모든 범죄자가 사이코패스나 소시오패스가 아니며, 또 모든 반사회적 성격장애자가 범죄자가 되는 것이 아닙니다.

우리가 마치 그런 '인상'을 받는 것은 미디어를 통해서 보여주는 범죄심리분석에서 '사이코패스 테스트'를 자주 거론하기 때문일 것입니다. 연쇄살인범죄 등 실제로는 정말 드물게 발생하는 범죄들에서 테스트를 통과하는 이례적인 상황들만 추려서 미디어로 내보내게 되고,

이를 본 우리들에게는 그 '인상'이 너무 강렬하게 남아 있기 때문에 마치 모든 흉악범죄자는 사이코패스가 저지른 것처럼 여겨지는 것입니다.

이렇게 미디어에서 반사회적 성격장애를 다루는 방식이 현실을 올곧게 보여주는 것은 아닐 것이지만 그래도 긍정적인 측면을 하나 보자면, 미디어를 통해 반사회적 성격장애를 큰 위협으로 보는 사회적 분위기의 환기는 일반적으로 사이코패스나 소시오패스에게는 하나의 위협요소가 된다는 것입니다. 그럼으로 해서 상당수 반사회적 성격장애를 갖고 있는 사람들은 평범한 사회 조직의 구성원으로 스며들어가기 위해서 남모를 노력을 하지요. 드라마 '이태원 클라쓰'에서 김다미가 연기했던 소시오패스 조이서가 바로 그런 모습을 보여줍니다.

사이코패스와 관련해서는 TV 프로그램인 '알쓸인잡'에서 소개한 뇌신경과학자인 제임스 팰런 얘기가 적절해 보입니다. 팰런은 사이코패스의 뇌 사진을 연구하다가 자신의 뇌가 사이코패스의 뇌와 상당히 흡사하다는 사실을 알게 되는데 상대에 대한 공감을 담당하는 뇌 전두엽이 발달하지 않은 것이 그중에서도 가장 중요한 특징이었습니다. 그는 곧바로 자신의 가계에 대한 계보를 조사하게 되었는데 그 과정에서 자신의 조상 중 몇몇이 유명한 근친살인자라는 것을 알아냈습니다. 미국 최초의 모친살해범이라던가, 부모님을 도끼로 살해한 사람, 학살을 자행한 폭군 등이 조상에 있었던 것이지요. 그는 자신과 가족들에게 조상들이 갖고 있었던 전사 유전자가 있다는 사실을 알아냅니다. 그런데 그는 왜 범죄자가 되지 않았을까요?

사이코패스 범죄자를 결정짓는 3요소가 있는데 뇌 기능, 유전자, 성장환경이 그것입니다. 팰런은 뇌 기능과 유전자적인 측면에서는 충분히 위험한 상황이었지만 따뜻했던 성장환경이 결정적으로 차이를 만들어냈습니다. 팰런의 아버지는 아들이 그런 성향이라는 것을 진작부터 알아차리고는 양로원과 장애인 수용시설 등에 약 배달을 돕게 합니다. 그러면서 팰런은 아버지로부터 따뜻한 감사와 감정의 말들을 전달하라는 심부름도 함께 받습니다. 이런 과정을 통해 아버지는 팰런에게 타인에 대한 공감을 가르쳤던 것입니다.

이처럼 가정과 학교 모두 따뜻한 환경 속에서 격려를 받으며 자랐기 때문에 그는 타인에 대한 공감을 배울 수 있었습니다.

공감에는 인지적 공감과 감정적 공감 2가지 종류가 있습니다. 선천적으로 감정적 공감 능력이 낮았던 팰런은 교육을 통해 인지적 공감 능력을 상승시켰습니다. 말하자면 '슬퍼서' 우는 것이 아니라, 슬퍼해야 하는 것을 '알아서' 우는 것이지요. 이렇게 교육을 통한 공감을 배운 그는 자신을 "친사회적 사이코패스, 운 좋은 사이코패스"라고 지칭하게 됩니다.

이 이야기는 많은 점을 시사해 주기는 하지만 무엇보다도 중요한 것은 선천적이고 유전적인 제약도 어른들의 교육을 통해 충분히 개선 가능하다는 점입니다. 그가 사이코패스냐 아니냐가 중요한 것이 아니라 교육은 사람을 어느 정도까지 성장시킬 수 있는가에 우리는 집중해야 합니다.

　만약 우리 아이가 타인에 대한 공감 정도가 낮고 자기애가 상대적으로 강한 것 같다고 걱정이 되는 부모님들이 있다면 팰런의 이야기를 다시 집중해서 생각해 보시길 권합니다. 어른들의 철학, 따뜻하면서도 단호한 양육, 그리고 끊임없는 공감의 의사 표현은 어떤 곤란에 처한 아이들이라도 긍정적으로 성장시킬 수 있는 황금률이라는 사실을 기억해 주세요.

12.

자존감

[자기애, 자아, 바넘효과]

우리는 아이가 내면의 강함을 가지고 어떤 어려움도 헤쳐나갈 수 있는 어른으로 성장하기를 바랍니다. 그러면서 좋은 대학에 입학하고 사회적으로도 인정받는 전문인의 길을 걷기를 또한 바랍니다. 대한민국에서 아이를 학교에 보내는 많은 부모님들의 마음의 종착지는 결국 아이가 좋은 대학에 입학하는 것입니다. 인성교육도 중요하고, 친구와의 소통도 중요하고, 자존감을 갖는 것도 중요한데 그 모든 것은 대학이라는 한 가지 목적으로 귀결됩니다. 그것도 이름난 좋은 대학 말이지요. 어느 순간부터인가 한국에서 대학은 교육 사통팔달의 시작점이자 끝점이 되었습니다.

그간 '자존감 있는 아이로 키우는 엄마의 역할' 뭐 이런 종류의 자기계발서나 미디어의 프로그램들이 꽤 존재해 왔는데, 그것 역시 대부분의 결론은 공부 잘하는 아이, 좋은 대학입니다. 우리는 자존감이 있는 우리 아이가 학교에서나 어디에서나 똑 부러지게 행동하고 주위의 모든 어른들로부터 칭찬받는 모습을 항상 꿈꿉니다.

그런데 이런 의문이 생깁니다. 좋은 대학에 들어가고 사회적으로 인정받는 위치에 올라선다면 우리 아이가 자존감이 있기 때문인 것일까? 이에 대한 반례가 있습니다.

2차 대전을 승리로 이끌었던 윈스턴 처칠 정도면 세계적으로, 그리고 역사적으로도 인정받는 인물이라고 할 수 있을 것입니다. 그런데 그는 평생을 지독히 낮은 자존감과 우울감을 겪으며 살았다고 알려져 있습니다.

나이 마흔이 되기 전에 우울증이 찾아왔고 자살 충동도 수차례 넘겼다고 합니다. 그는 자신이 평생 겪었던 우울증을 '평생 검정개(black dog)와 살았다'고 비유하기도 했습니다.

영국 총리 재직 시에 매일 잠을 잘 때도 베개를 껴안고 꺼이꺼이 울었고, 은퇴 이후에도 계속되는 자살 충동 때문에 철로 가까이 가지 않으려 했고 배를 타려 하지도, 강가나 호수 주변에도 가지 않았다고 합니다. 우울증에서 벗어나기 위해 그는 글쓰기에 몰두했고 2차 대전에 대한 회고록을 쓰고 1953년 노벨문학상을 받았습니다.

평소 술을 좋아하고 권투, 사냥, 바다낚시 등 거친 스포츠를 즐겼으며 "인간은 패배하지 않는다. 단지 파괴될 뿐이다"라고 외친 행동주의 문학의 거장 헤밍웨이의 이야기도 있습니다.

"헤밍웨이는 위험을 감수하는 용감한 사람이 아니다. 오히려 내면의 풍경은 비겁함과 자살의 유혹과 싸우는 악몽이었다"는 동료 작가의 평처럼 헤밍웨이 역시 심한 우울증을 앓았습니다. 처칠이 노벨상을 받은 이듬해인 1954년, 평생의 숙원이던 노벨문학상을 받았지만 바로 그 직후부터 시작해 그는 결국 정신적으로 승리의 길을 걷지 못했습니다. 폭음을 일삼았고 더 이상 짧은 문장조차도 제대로 쓰지 못했으며 정신병원에 여러 차례 입원을 반복하다 8년 후인 1962년 자살로 생을 마감합니다.

우리가 종종 혼동하는 것은 '자기애가 강하다'와 '자존감이 높다'입니다. 사회적으로 성공한 사람들은 자존감보다는 자기애가 강할 가능성이 큽니다. 강한 자기애가 타인의 평가에 예민하게 반응하고 실수를 용납하지 않으려 하며, 어떤 일이 있어도 타인에게 자신의 취약한 부분을 들키려 하지 않게 합니다. 다른 친구들이 80점 정도에 만족할 때 아이는 95점에도 본인을 책망하며 자책할 수 있습니다. 그런 것들이 모여 성취에 대한 에너지가 되는 것이지요. 그래서 아이가 어른들의 칭찬에 갈증을 느낀다면 그것은 자존감이라기보다 자기애일 수도 있습니다.

자존감은 평가자나 경쟁자를 염두에 두는 개념이 아니라 자아존중감이라는 말 그대로 스스로를 가치를 갖춘 존재로 여기고 부정적으로 여기지 않는 것을 의미합니다. 자존심이 타인과의 경쟁적 관계에서 생겨나며 경쟁에서 패배할 경우는 추락을 경험하는 감정인 것과 달리 타인과의 경쟁에서 패배한다고 하락하지 않는 것이 자존감입니다.

자존감이라는 것이 우리의 내면에 생겨나려면 그 전에 '자아'라는 것이 먼저 생겨나야 할 것입니다. 그리고 그것은 꽤 명쾌하고 명확하게 내면에 자리 잡고 있어야 하겠지요. 그런데 실상 사람이 자기 자신을 들여다보는 것이 언제나 분명하다고 말할 수 있을까요?

포러 효과 또는 바넘 효과라는 것이 있습니다. 많은 사람들에게 적용될 수 있는 모호한 말인데도 나한테만 해당하는 말로 착각하는 것을 일컫습니다.
심리학자인 버트넘 포러 교수가 수강생 39명에게 성격에 대한 가짜 심리검사를 실시했고 그 결과지를 나누어 줬는데, 내용이 모두 똑같은 결과지였습니다. 그런데도 결과지가 자신의 결과를 어느 정도 설명하고 있는지 점수를 매기도록 하고 평균을 내었더니 5점 만점에 4.26점이 나왔다고 합니다. 이 실험은 이후로도 여러 번 반복되었는데도 평균치는 대략 4.2에 수렴했다고 알려져 있습니다.

다음은 포러가 나눠준 심리결과 검사지의 내용입니다.
1. 당신은 타인이 당신을 좋아하길 원하며 타인에게 존경받고 싶어

합니다.
2. 당신은 스스로에게 비판적인 경향이 있습니다.
3. 당신에게는 아직 당신의 장점으로 전환시키지 못한, 사용되지 않은 잠재력이 있습니다.
4. 당신은 성격적인 약점이 약간 있지만, 보통은 이러한 결점을 잘 극복할 수 있습니다.
5. 당신은 성적인 부분을 조율하는 데에 문제를 가진 적이 있습니다.
6. 외면적으로 당신은 잘 절제되어 있으며 스스로를 통제하고 있습니다만, 그 내면에는 걱정스러우며 자신이 없는 면도 있습니다.
7. 때때로 당신은 자신이 올바르게 결단하고 행동한 것인지에 대해 진지한 의문을 가지기도 합니다.
8. 당신은 어느 정도의 변화와 다양성은 선호하며, 제약이나 규제의 굴레에 둘러싸이는 상황은 싫어합니다.
9. 당신은 독립적으로 생각할 줄 아는 사람으로서 스스로를 자랑스러워하며, 다른 사람들의 주장에 충분한 근거가 없다면 이를 받아들이지 않습니다.
10. 당신은 다른 사람에게 스스로에 대해 지나치게 솔직한 것은 별로 현명하지 못하다고 생각합니다.
11. 종종 당신은 외향적이며 상냥하고 붙임성도 좋지만, 가끔은 내향적이고 다른 사람을 경계하며 속마음을 드러내지 않을 때도 있습니다.
12. 당신의 열망 중 일부는 조금 비현실적이기도 합니다.

13. 안전, 안보는 당신 인생의 주요 목표 중 하나입니다.

우리가 오늘의 운세를 보고, MBTI 16개의 유형으로 사람을 판단하려 하고, 타로카드에 나온 결론이 나를 썩 잘 설명하고 있다고 여기는 것도 아마 비슷할 겁니다.

이처럼 우리는 스스로의 내면에 대해서조차 정확한 이미지를 갖고 있다기보다 외부적인 모호한 평가에 의해서도 쉽게 흔들립니다. 자아에 대해서도 마찬가지라서 우리가 늘 한결같이 높은 자존감을 지니며 살아갈 수는 없는 노릇입니다.

오늘은 꽤 괜찮은 하루를 보냈다가도 다른 날은 또 정성 들여 준비한 프로젝트가 실패하는 경험을 하며 자기에 대한 강한 실망감에 우울한 나날을 보내기도 합니다. 중요한 것은 항상 높은 수준의 어떤 것을 유지하는 것이 아니라 일상에 대한 만족과 그를 통한 행복의 집적입니다. 우리 아이가 시시때때로 불행의 순간을 겪을 수도 있겠지만 그 순간에도 억지스러운 강인함을 요구받지 않고 그저 자신의 일상으로 받아들일 수 있는 어른으로 성장하면 좋겠습니다.

늘 고매한 자존감을 지킨다는 허상에서 벗어나 삶의 부침(浮沈)을 자연스럽게 겪으면서 성장하는 것이 아이에게 필요하다는 데에 동의한다면 우리 아이가 외부에서 인정하는 어떤 성공을 향해 고군분투할 때, 어른들은 어떤 것을 경계해야 할까요?

스스로에 대한 지독한 자기검열입니다. 아이가 목표 달성을 위해 자신을 더 엄격하게 통제하려 하는 과정에서 마음속으로는 스스로에 대해 실망하고 부끄러워하면서 저평가를 하고 있지는 않은지 예민하게 살펴보아야 합니다. 그리고 그것은 부모 역시 마찬가지입니다. 아이가 성공하는 것을 자신의 성공과 동일시하면서 자기 자신과 아이를 검열하고 있지는 않은지 냉정하게 돌아보아야 합니다. 외면적인 성공이 내면의 성장을 의미하는 것이 아니며 기대와는 반대로 성공을 위한 압박과 검열이 내면을 파괴할 수도 있습니다.

고등학교 내내 전교에서 1등을 놓치지 않던 아이가 있었습니다. 그 아이는 의대를 가려고 했고 부모님도 그렇게 되기를 간절히 원했지요. 이미 동기도 충분했고 자기주도학습도 최고 수준에 달했던 아이였는데 평소 엄마는 그 간절한 소망 때문에 '감시하기'를 선택했습니다. 평상시에도 공부시간과 수면시간을 체크했고, 시험 전날이 되면 아이와 똑같이 패턴을 맞추려 했지요. 엄마는 아이가 자기 전에는 거실에서 함께 버티면서 무슨 일이 있어도 먼저 잠자리에 들지 않았습니다.

어느 날인가 엄마는 아들에게 이렇게 비난했습니다. "너 어제 4시에 잤지? 시험 날인데 도대체 정신 있는 거냐?" 아이는 의대 진학에 실패했고 재수를 하기 위해 전주를 떠났습니다. 재수가 끝나고 아이가 찾아와 이런 말을 했습니다.

"재수하러 엄마 곁을 떠나야 했던 순간이 가장 설렜던 것 같아요. 고3 때 저는 내내 엄마에 대한 증오심만 있었으니까요."

엄마 곁을 떠나고 나서야 아이는 의대에 합격했습니다.

자존감이라는 말에 너무 많이 집착하지 않기를 바랍니다. 적어도 성취와 자존감을 연결시키지 않기를 바랍니다. 성취를 향한 노력을 응원해 주는 것이 아이의 자존감도 높일 것이라는 결론을 갖지 않기를 바랍니다.

영화 '죽은 시인의 사회'에서 나온 'carpe diem, 오늘을 즐겨라'는 경구를 모든 부모님들께 선뜻 권하지는 못하겠지만, 적어도 확실하지 않은 내일을 위해 오늘의 행복을 유예해야 하는 지금 아이들에게 왜 그래야 하는지에 대해 설명을 해야 할 책임이 어른에게는 있습니다.

13.

길들임

[가스라이팅, 기억 왜곡, 미니마이징, 사고억제, 기분부전증]

"그런데 '길들인다'는 게 무슨 뜻이야?"
"그건 너무나 잊혀져 있는 거지. 그건 '관계를 맺는다'는 뜻이야."
"친구를 파는 상인은 없기 때문에 사람들은 친구가 없는 거야. 네가 친구를 갖고 싶다면 나를 길들이면 돼."
"네가 날 길들인다면 내 생활은 햇빛을 받은 것처럼 밝아질 거야. 다른 발자국 소리와는 다르게 들릴 너의 발자국 소리를 나는 알게 될 거야. 저길 봐. 저 아래 들판이 보이지? 난 빵을 먹지 않아. 밀은 나에게 쓸모가 없어. 밀밭은 나에게 아무런 말도 건네지 않아. 그건 슬픈 일이지. 그러나 네 머리칼은 금빛이야. 그래서 네가 날 길들인다면 밀도 금빛이기 때문에 밀은 너를 기억하게 해 줄 거야. 그래서 밀밭을 스치는 바람 소리까지 사랑하게 될 거고."

"어떻게 하면 되는데?"

"인내심을 발휘해야 해, 우선은 내게서 좀 떨어진 곳에 앉아줘, 저기 좋네, 잔디밭 말이야. 내가 널 힐끔 쳐다보면 너도 날 힐끔 봐줘, 아무 말도 하지 마. 말은 오해의 씨앗이거든. 하지만 날마다 너는 조금씩 더 가까이 앉으면 돼."

"매번 같은 시간에 와주면 좋아, 그래 준다면, 예를 들어 오후 4시쯤, 그럼 난 3시부터 행복해지기 시작할 거야. 그러다 4시가 가까워지면 질수록 난 더 행복할 거야. 4시가 되면 이미 나는 불안해지고 안절부절못하게 될 거야. 그러면서 난 행복의 대가가 무엇인지 알게 될 거야. I'll discover what it costs to be happy!"

"네가 나보고 널 길들여 달라고만 안 했어도 이런 일은 벌어지지 않았을 거야."

"물론 그랬지."

"결국 아무것도 달라진 건 없어!"

"아니, 밀밭의 색깔이 달라졌잖니."

"잘 가. 내 비밀은 이거야. 아주 간단해. 마음으로 보지 않으면 잘 볼 수 없다는 거야. 중요한 것은 눈에 보이지 않는 법이거든."

『어린 왕자』는 아주 독특한 책입니다. 그저 모자와 코끼리를 삼킨 보아뱀만 기억한다던가, 바오밥나무를 기억하는 많은 어린 친구들도 있었고, '상자 속에 들어가 있는 양' 그림 장면에서 '슈뢰딩거의 고양이'랑 비슷하다면서 양자역학이 연상된다고 한 고등학생도 만났습니다.

이 책만큼 사람의 삶의 궤적에 따라 다르게 읽히는 책이 또 있을까요? 어렸을 때는 길 잃은 조종사가 여행 중인 외계의 왕자를 만나 그가 겪은 모험담을 들려주는 정도로 읽었었다면, 청년기에는 왕, 술꾼, 사업가, 허영쟁이, 지리학자, 가로등지기를 등장시켜 자본주의 어른의 모습에 대한 비판 정도로 읽었었던 것 같고, 좀 더 나이가 들어보면 문장 하나하나가 이미 어른이 되어버린 나를 향해 아프게 찌르고 있다는 것을 느끼게 됩니다.

이제서야 생떽쥐페리가 책의 서두 그것도 가장 첫 문장에서 '어린이들이 아닌 어른들에게 바치'는 의미를 알 듯합니다.

'길들여진다'는 것에 대해 『어린 왕자』만큼 영혼을 정갈하게 정의해 놓은 책은 아마 없을 테지만 다시 읽은 책에서는 길들여진 이후 4시까지 기다리면서 비로소 알게 되는 '행복의 대가'에 대해 눈이 갑니다.

누군가는 '행복해지는 데 이 정도쯤이야'라는 긍정적인 의미로 새길 수도 있고, 누군가는 '행복을 위해 포기해야 하는 것들'로, 또 다른 누군가는 관계 맺은 이후 '결국 다가오고 겪게 될 미래의 상실의 고통을 씨앗으로 품는 것'이라고 아프게 읽을 수도 있을 것 같았습니다.

어떻게 읽든 어린 왕자와 여우 사이에 주고받은 '길들임'을 관계에 대한 것, 상대를 존중하며, 기다리고, 상대가 나에게 어떤 의미를 새기는지를 들여다보는 것으로 본다면, 이처럼 아름다운 '각인'이 있을까 싶습니다.

그런데 인터넷에 '어린 왕자' 도서 검색을 해 보면 『어린 왕자를 통해 보는 영어 문법』, 『어린 왕자를 통해 영어 문장 구조 익히기』 이런 비슷한 유의 책들이 연관검색으로 나타납니다. 이 책이 던지고자 하는 메시지와 상관없이 그저 유명세 때문에 영어 학습의 하나로 소비되고 있다는 사실을 작가 생떽쥐페리가 보았다면 어떻게 받아들일까 괜히 부끄러워지는 자화상이기도 합니다.

비슷하게 '길들임'^{tame}을 문자 그대로 사람이 야생동물을 길들이는 것 같은 의미로 받아들인다면 그것은 이 책이 여러 갈래의 마음으로 자유롭게 읽을 수 있는 책임에도 불구하고 최악의 책읽기를 했다는 증거입니다.

그럼에도 우리는 이런 현실의 '길들임'에 대해 얘기하고자 합니다. 바로 '가스라이팅'입니다.

가스라이팅이라는 용어는 '가스등(Gaslight)'이라는 연극, 영화에서 가져 왔습니다. 작품에서는 남편 잭이 윗집의 부인을 살해하고 보석을 훔쳐내기 위해 윗집의 가스등을 켭니다. 그러면 가스를 나눠 쓰는 건물의 구조상 아내 벨라가 있는 아래층의 가스등이 어두워지거나 깜빡거렸죠. 이를 이상하게 생각하던 벨라에게 잭은 벨라가 비정상적이라며 과민반응으로 몰아갑니다. 처음에는 의구심을 가졌던 벨라도 점점 스스로를 못 믿게 되고 무기력과 공허에 빠져 전적으로 잭에 의지하게 된다는 이야기입니다.

가스라이팅은 관계 형성-기억 왜곡-미니마이징-무시의 단계를 거친다고 합니다.

첫 번째 '관계 형성'은 피해자와 친밀하고 밀접한 관계를 뜻합니다. 대표적으로 가족, 교사, 직장 상사, 애인 등이 있습니다.

두 번째 '기억 왜곡'은 피해자가 실수를 저지를 때마다 지적함으로써 자기 자신을 의심하고 불신하게 유도하는 것을 뜻합니다. "넌 늘 이 모양이야. 예전에도 그랬잖아" 이러면서 아이의 사소한 실수 하나에도 아주 오래전에 있었던 일들을 다 끄집어내어 비난하는 모습들을 자주 보게 되는데 이것이 이 두 번째 단계에 해당합니다. 그러면 피해자는 작은 실수들을 저지르는 모습들이 곧 자기 자신이라고 각인시키고 자신을 혐오하게 됩니다. 가해자는 사소한 기억을 조금씩 비틀어 제시하며 거의 모든 상황에서 피해자가 잘못한 것으로 몰아갑니다. 피해자는 반박을 하면 할수록 오히려 꼬투리 잡히고 더 큰 지적을 받게 되니 이것이 두려워 가해자에게 미움받지 않기 위해 어떻게든 하지도 않은 일에 대해서까지 핑계를 댑니다.

세 번째 '미니마이징(minimizing)'은 피해자가 부당한 상황에 대해 강하게 반발할 때 가해자가 그것을 사소한 것으로 치부하는 것을 뜻합니다. "뭘 이런 걸 갖고 그러냐? 너무 예민한 거 아니냐?"라면서 오히려 피해자를 비난하게 되죠. 이때 피해자에게 조언을 해줄 다른 사람이 있었다면 피해가 멈췄을 텐데 이 단계에서 이미 가해자는 피해자를 사회적으로 고립시킨 상태가 됩니다. "나니까 이런 말해주는 거야. 다른 사람 같았으면 어림도 없어."라면서 피해자를 더욱 의존적인 존재로 만드는 것이지요. 자연스럽게 제3자들은 피해자에 대해 부정적인 이미지를 갖게 됩니다. 피해자는 이제 자기 자신을 믿을 수 없는 존재로 느끼게 됩니다.

네 번째 '무시'는 가해자 마음대로 조종이 가능한 상태이며 피해자의 생각은 부정당하고 가해자의 판단만이 피해자의 의사와 행동을 결정하는 것입니다. 이제 피해자에게 가해자는 그나마 세상을 살아갈 수 있도록 지탱해주는 유일한 존재가 됩니다.

가스라이팅이 무서운 폭력인 이유는 이처럼 피해자이면서도 가해자에게 전적으로 의존할 수밖에 없는 구조로 이루어지기 때문입니다. 불과 얼마 전까지도 한국 사회에서는 부모가 아이를 때리고, 남편이 아내를 때리고, 교사가 학생을 때리고, 병장이 이병을 때렸습니다. 아이와 아내와 학생과 이병은 폭력을 당하면서도 그 부당함보다는 자신의 잘못을 더 자책해야만 했습니다.

요즘 들어서야 '가스라이팅'이라는 용어가 사회적으로 널리 쓰이면서 그 위험성에 대한 지각이 확대됐지만 그 당시만 하더라도 우리 사회에는 집, 학교, 군대, 회사에서 수없이 많은 가스등들이 켜지고 꺼졌습니다.

부모와 아이, 교사와 아이는 언제나 1단계인 '관계 형성'을 충족합니다.

그리고 2단계인 '기억 왜곡' 역시 부모에 의해, 교사에 의해 여전히 이루어지고 있습니다. 아이의 잘못을 지적할 때 '비난'하거나, '과거'를 다시 길어 올리거나, 일반적인 혹은 정상적이라고 생각하는 다른 아이들과 '비교'하고 있다면 적어도 2단계는 충족하고 계신 것입니다.

과연 있는지조차 확인할 수 없는 옆집 철수, 엄마 친구 아들, 엄마 친구 딸과의 비교는 아이의 자존감을 떨어뜨리고 스스로를 믿지 못하게 합니다. 메타인지는 불가능해지고 모든 것을 엄마가 시킬 때까지 기다려야 합니다.

만약 아이의 항변에 빗자루를 들고 매질을 하면서 "엄마가 아니면 누가 너에게 이런 말 해 주겠어? 다른 사람들이 엄마를 뭐라고 생각하겠어?"라고 묻는 일도 있으시다면 이제 3단계도 충분히 달성하신 것입니다.

2023년 2월 10일 방송된 오은영의 금쪽상담소에서는 이모에게 오랜 기간 가스라이팅을 겪었던 가수 김완선 씨의 얘기가 소개되었습니다. 그녀는 가스라이팅 이후로도 사고 억제 상황에 있다고 합니다. 사고 억제란 겪고 싶지 않은 일들에 대해 생각하는 것을 의도적으로 막는 행위를 의미하는데 이는 생존하기 위해 발휘된 방어 기제라고 합니다. 김완선 씨는 이후 오랜 기간을 무기력하고 체력도 쉽게 방전되며 기억도 잘 떠올리지 못하는 상태에 익숙해져 있었는데 그것을 본인의 성격이라고 생각하고 있었습니다.

오은영 박사는 그것이 성격이 아니며 심각한 우울증의 전단계인 기분부전증으로 진단했습니다. 기분부전증으로 인해 자신의 만성화된 기분을 그저 성격으로 착각하게 된 것인데, 이렇게 되면 도움이 필요한 상황에서도 그저 성격 탓으로 돌려 외부에 도움을 요청하지 않게 된다고 합니다. 그만큼 위험해지는 것이지요. 또한 원래 오솔길과 같이 얽힌 감정들과 뇌의 회로들은 끊임없이 사용해야 하는데 그것을 제대로 사용하지 못해 마치 덤불이 덮어 버린 것처럼 되었으며 기억조차도 자신의 의지대로 사용하지 못했다고 오은영 박사는 진단했습니다.

특히 가족에 의한 독재적 통제라면, 가스라이팅이 끝난 이후에도 개인의 삶과 영혼에 남겨진 상흔은 여전하거나 더욱 뚜렷하게 새겨지고 있다는 단적인 예였습니다. 이모는 김완선 씨에게, 일부러 기억을 억제시키고 그 일을 겪으면서 생겨난 자신의 부정적 감정마저도 그저 성격이라고 받아들여야만 했던 삶을 악몽처럼 선사했던 것입니다.

어떠신가요? 우리 집에 있는 가스등은 평온한가요? 혹여 깜빡거리고 있지는 않은가요?

만약 그렇다면 아이가 말을 잘 안 하려고 하는 모습이 단지 '내성적이어서'가 아닐지도 모릅니다.

14.

학교폭력의 라쇼몽

[라쇼몽, 피해자 보호법, 학교폭력예방 및 대책에 관한 법률]

우리 사회에 폭력에 대한 감수성을 촉발시킨 여러 사건들, 우리가 알아야 할, 우리 사회를 조금은 안전하게 만들었던 우리가 잊지 말아야 할 피해들이 있습니다.

1991년, 전북 남원에서 9세 때 겪었던 성폭력 피해에 내내 괴로워하다 21년 후 30세가 된 피해 여성이 가해 남성을 찾아가 보복살인을 한 일이 있었고 이 일을 계기로 '성폭력특별법'이 만들어졌습니다.

1996년, 자신의 딸에게 지속적으로 심각한 폭력을 휘두른 사위를 친정어머니가 찾아가 살해한 사건으로 '가정폭력방지법'이,

2000년과 2002년, 군산 성매매집결지에서 발생한 두 차례의 화재 사건으로 감금됐던 여성들이 사망하자 '성매매특별법'이,

그리고 2013년 칠곡에서 있었던 '계모 살인사건'으로 '아동학대처

벌법'이 제정됐습니다.

우리 사회를 구축하는 법률이라는 안전망은 이처럼 항상 약자들의 피해가 있은 후에 생긴 사회의 뒤늦은 자각과 반성의 사후기록이기도 합니다.

앞서 열거한 여러 법들의 목적은 아마 다음과 같을 것입니다.
〈더 이상 약자가 구조적으로 피해받는 일이 발생하지 않도록 하자, 가해자를 엄벌함으로써 두려움을 갖게 하고 이를 통해 폭력을 예방할 수 있는 사회를 만들자.〉
한국 사회의 가부장적이었고 권위적인 구조 속에서 오래된 강자들은 분명히 있었고 그 강자들의 타인에 대한 태도, 지배하고자 하는 권력의지는 당연히 '근절'되어야 할 것이었습니다.

우리들이 다녔던 그 시절, 학교와 사회에서는 교육이라고 강조되면서 수업시간마다 당연시되었던 체벌, 아이를 양육한다는 명목하에 이루어진 무자비한 보호자의 폭력, 학교의 전통을 세운다며 일상적으로 이루어진 선배에 의한 후배 괴롭힘, 그리고 군대에서의 당연하고도 심각한 인권침해였던 군기 문화 등이 분명히 있었습니다.
우리들 상당수는 그것을 그저 당연하게 받아들였습니다. 그 폭력은 기존의 기득권 세력이 용인하던 폭력이었고 그런 의미에서 구조적 폭력이었으며 약자에 대한 강자의 지배적 폭력이었습니다. 구조 안에서 수혜를 받는 강자가 정치, 사회, 문화 전반을 지배하던 권위적인 시절이었습니다.

다행히 그때 비하면 한국 사회는 조금씩 평등한 사회로 바뀌어가고 있고, 복지와 돌봄, 사회적 안전망에 대한 공감대도 깊어지고 있습니다. 이런 사회적 분위기와 법 제정 효과, 더불어 사회구성원들의 폭력에 대한 민감성 상승, 그리고 전체적인 폭력 예방 교육과도 맞물리면서 앞서 여러 유형의 구조적 폭력의 절대 수치가 줄어드는 경향성을 보이는 것도 사실인 것 같습니다.

하지만 학교폭력과 관련해서는 조금은 다르게 전개됩니다.

"제 이야기는 다 끝이 났네요. 그리고 마지막 부탁인데, 그 녀석들은 저희 집 도어키 번호를 알고 있어요. 우리 집 도어키 번호 좀 바꿔 주세요. …… 모두들 안녕히 계세요."

2011년 12월 대구 한 중학교 2학년 학생이 세상을 등지면서 남긴 유서의 일부입니다. 지속적인 괴롭힘과 폭력을 끝내 견뎌내지 못했던 아이가 떠난 후, '학교폭력으로 자살할 수도 있구나' 하며 한국 사회 전체가 떠들썩했었습니다.

그런데 잘 알려지지는 않았지만 같은 해 7월, 같은 학교에서 삶을 등진 여학생이 한 명 더 있었습니다. 그 여학생은 반 아이들의 따돌림으로 힘들어하는 친구를 위해 담임 선생님께 도움을 호소하는 편지를 남겼고, 편지를 읽은 담임 선생님은 반 전체 학생들을 모아 이른바 '단체기합'을 주었습니다. 자신 때문에 친구들이 기합을 받았다는 죄책감과 더불어 친구들의 따가운 눈총을 견디기 힘들었던 여학생 역시 곁을 떠났습니다.

미래를 빼앗겨버려 현재에 괴로워하다 과거가 되어 버린 아이들의 사연이 어른들의 조바심을 채근했고, 지금의 엄벌기조를 담고 있는 '학교폭력예방 및 대책에 관한 법률'이 개정됐습니다. 이 법에는 학교폭력의 유형이 열거되어 있는데 이 사건을 계기로 강제적인 심부름 조항이 추가됐습니다. 아이가 겪었던 소위 '빵셔틀' 때문이었는데, 당시 법안을 심사하던 국회의원 중 한 명이 '심부름 좀 시킬 수 있는 거 아니냐?'는 회의록이 공개되는 바람에 큰 비난을 받기도 했습니다. 하지만 이후로도 여러 아이들이 같은 길을 갔습니다.

경찰과 행정부는 학교폭력 문제를 이전에는 여성, 청소년 관련 부서에서 처리했고 웬만하면 훈방 조치했었지만, 이 사건을 계기로 반드시 '근절'해야 하는 민생치안 현안으로 바라보기 시작했습니다. 그래서 이 시기 학교폭력과 관련된 공문서의 상당수에는 '근절 대책'이라는 명칭이 붙었습니다. 마치 80년대 후반 '범죄와의 전쟁'을 보는 듯했습니다. 하지만 이후로도 여러 아이들이 여전히 같은 길을 갔습니다.

'근절(根絶)', 뿌리를 뽑는다, 또는 아예 싹을 잘라낸다는 의미입니다. 학교폭력에서 뽑아내야 할 뿌리는 무엇일까요? 폭력일까요, 아니면 그것을 행사하는 아이들일까요? 폭력을 행사하는 아이들을 처벌하는 것응보적 정의으로 폭력이 뿌리 뽑힐 수는 있을까요?

여전히 많은 학교폭력이 존재하고 사회가 기술적으로 진화하면서 이전에 존재하지 않았던 새로운 유형의 폭력도 발생하고 있습니다. 이 모든 폭력의 유형을 다 열거형으로 규정하고강제적 심부를 조항처럼 이 규정에 근거에 단호하게 처벌한다면 학교폭력은 '근절될 수' 있을까요? 불행히도 그 목적의 달성에는 우리 사회가 여전히 실패하고 있는 중입니다.

앞서의 폭력과 비교해 봤을 때 일단 많은 학교폭력은 같은 학교 동급생, 심지어 같은 반 같은 교실에서 발생하고 있는데, 그중 많은 경우는 지배적 관계, 강자와 약자의 관계가 아닙니다. 오히려 현재 대학을 정점으로 하는 한국 교육의 구조로 인해 아이들 모두 피해자로 되고 있는지도 모릅니다. 비유적으로 보자면 비좁은 닭장 안에 갇힌 수 없이 많은 닭들이 극심한 스트레스로 인해 서로를 쪼아대는 그런 모습이 한국의 교실이니까요.

어쩌면 그런 이유 때문에 학교폭력 문제가 교육청 심의위원회로 이관되면서 심의 건수는 이전 학폭위라 불렸던 자치위보다 더 많아졌지만 심의한 사안 중 또 상당수는 '학폭 아님' 결정이 나거나 가벼운 '서면사과' 정도로 마무리되고 있는 것일 수도 있습니다. 사실 거의 대부분의 학교는 매스컴에서 보여지는 것처럼 폭력이 난무하는 정글이 결코 아닙니다.

 절대적으로 많은 학교폭력 사안들이 경미하거나 혹은 '갈등'인데도 불구하고 어른들은, 그리고 사회는 그 '폭력'이라는 단어에 매몰되어 여전히 학교폭력에 대해서는 강력한 '처벌'을 요구합니다. 일단 자신의 아이가 폭력의 피해자로 사안이 접수되면 일상적인 다툼인지 여부와 상관없이 상당수 보호자들은 상대의 '무조건적이고 즉각적인 격리', '될 수 있다면 강제전학'을 요구합니다. 우리 사회가 학교폭력에 관해서 만큼은 일종의 '확증편향^{신념에 따라 정보를 선택적으로 수용하려는 태도}'을 갖고 있다'고 보여지는 지점입니다.

 1950년 개봉되어 베니스 영화제 황금사자상을 수상하고, 구로사와 아키라 감독을 세계적인 거장 반열로 올려놓은 영화 〈라쇼몽〉^{나생문(羅生門), 이 세상에 펼쳐져 있는 인생을 담고 있는 문이라는 의미}은 아직까지도 여전히 일본 영화 역사상 가장 뛰어난 작품 중 하나로 평가받고 있습니다. 영화는 어떤 살인사건과 그 재판에 관하여 5명의 인물이 서로 다른 기억을 풀어내는 것으로 구성되어 있습니다.

 구로사와 감독은 연출 의도에서 "인간은 자신에 대해 정직해질 수 없다. 자기 자신을 얘기할 때면 언제나 윤색한다. 이 영화는 그러한, 즉 자신을 실제보다 더 나은 사람으로 보이기 위해 거짓말을 하지 않고는 못 배기는 인간을 그리고 있다. 이기주의는 인간이 날 때부터 갖고 있는 죄악이다."라고 안내하고 있습니다.

영화의 강렬한 영향력으로 인해 이후 사회학에서는 '관계자들이 객관적 현상을 주관적으로 서로 다르게 증언을 하는 것'을 두고 라쇼몽 현상이라는 용어로 정의하기도 했습니다. 이 라쇼몽 현상은 이기심과 탐욕이 개입한 고의적인 경우일 수도 있고, 인간 기억의 주관성 때문에 어쩔 수 없는 발생하는 경우도 있을 겁니다.

비슷하게 심리학자 엘리자베스 로프터스는 1974년 연구에서 '충돌하다'라는 단어 대신에 '박살나다' 또는 '부딪치다'라는 단어로 바꿔 질문을 하면 사람들이 두 대의 자동차가 충돌하는 속도를 다르게 기억한다는 사실을 밝혀내고는 "기억은 추정적"이라고 결론 지었습니다. 기억은 사실에 대한 것이라고 알고 있지만, 질문에 따라 얼마든지 달라질 수 있으며 그런 의미에서 확정적이 아니라 추정적이라는 뜻이지요.

하나의 사실에 대해 각자의 이미지와 기억이 다를 수 있다는 것은 사실 학교폭력에 대해 시사점을 던져줍니다.

팩트는 하나인데 당사자가 생각하는 사실과 해석이 다르다면, 그래서 당사자의 심의위원회에서의 진술이 엇갈린다면 이제 판단자, 심의위원은 객관성과 중립성에서 중대한 도전을 받게 됩니다. 그것이 구로사와 감독이 말할 것처럼 이기주의의 죄악 때문일 수도 있을 것이지만, 만약 너무도 당연한 해석의 주관성 때문에 기억하는 사실이 달라진다면 처벌에 대한 판단은 결론적으로 '편향적'이라는 의심에서 자유로울 수 없다는 의미입니다.

그리고 이러한 해석의 주관성은 사회규범에 충분히 익숙해져 있는 어른들보다 여전히 사회화 과정을 습득하고 있는 청소년들, 아직 객관적인 규범을 온전히 체화하지 못한 아이들에게서 충분히 더 가능성이 높을 겁니다.

이런 점에서 학교폭력에 있어서의 라쇼몽은 우리 사회가 많은 학교폭력 사안을 '처벌해야 할 폭력'에서 '해결해야 할 갈등'으로 전향적으로 바라보아야 한다는 것을 시사합니다. 처벌 대신에 그것을 해결하는 과정을 통해 아이들은 객관성을 '체득'하여 정의 관념을 '각인' 해야 합니다.

객관성을 체득하고 정의 관념을 각인하기 위해 아이들은 무엇을 해야 할까요?

아이들은 어릴수록 경험적 사고가 강하기 마련입니다. 이런 이유로 아이들에게 아무리 반복적으로 폭력은 나쁜 것이라는 것을 주지시켜도 그것이 내면 안에서 추상적으로 '하지 말아야 할 것'으로 자리 잡는 데 어려움을 겪습니다. 일반화 능력이 부족하기 때문입니다. 아이들이 내면에서 '스스로 개념화'하지 못한다면 아이들은 같은 잘못을 또 저지르고 같은 실수를 또 반복할 것입니다. 그렇다면 이 스스로 개념화가 중요할 텐데 이는 자기가 속해 있는 집단 내에서의 상호작용을 통해 형성될 때 더 견고해질 수 있습니다.

자기가 연관된 폭력과 갈등이 불거졌을 때 아이들은,

첫째, 자신의 행위를 바라보고 스스로 행위에 대해 구체적으로 책임지려는 마음이 점화되어야 합니다.

둘째, 자기와 다른 삶의 궤적의 문(나생문羅生門)을 열고 들어가 상대와의 대화를 통해, 자신의 행위로부터 상대가 어떤 영향을 받았는지, 상대는 왜 그때 그런 모습을 보였는지를 이해하려고 노력해야 합니다.

셋째, 그 당시의 자신과, 상대를 이해하게 된 지금의 자신의 차이를 인식하고 상대의 회복과 자신의 회복을 위해 어떤 약속과 노력을 할 수 있을지를 진지하게 고민해야 합니다.

이렇게 스스로 노력하는 과정을 통해 아이들은 본인과 관련된 사안으로 인해 비틀거리는 교육공동체가 다시 살아나는 경험을 할 수도 있습니다. 이런 경험이 현재 당면한 문제만을 해결하는 것이 아니라 장래에도 해결할 수 있는 탄력성을 지닐 수 있도록 합니다.

이러한 접근이 회복적 정의에 근거한 접근입니다. 물론 이러한 접근이 심각한 수준의 학교폭력 모두에 대해서 처벌적 관점을 거두자는 얘기를 하고자 하는 것은 아닙니다. 형사법 체계는 기본적으로 처벌적, 응보적 관점을 기반으로 존재하는 것이고, 그런 이유로 응보적 관점을 무시하는 것은 법치주의, 민주주의의 원칙을 무시하는 것일 수도 있기 때문입니다. 우리가 함께 나누고자 하는 메시지는 처벌과 응보를 결정할 때에도 회복적 관점을 항상 감안해야 한다는 의미입니다.

끔찍하고 잔인한 청소년 범죄의 영상이 유튜브나 SNS로 실시간으로 공유되는 오늘의 현실에서 사회 여론이 철저한 응징으로 흐르는 것 역시 충분히 이해할 만한 일입니다. 하지만 적어도 교육을 담당하는 어른들, 교육 정책을 수립하는 사람들은 이 소수의 일탈을 학생들의 보편적 특성으로 설정해서는 안 됩니다. 그리고 보편적이고 개인적인 아이들의 보호자들께서도 이런 소수의 특별한 상황을 전체 아이들의 문제로 보는 일반화, 보편화를 하지 않으시기를 바랍니다.

집단사고의 편승효과에서 벗어나서 어른들끼리 서로 협력하고, 각자의 역할을 하는 존재 간에 신뢰를 쌓아가야 합니다. 어른이 협력하지 않으면 아이들은 방치되고 어느 순간 아이들 간에 권력 관계가 생깁니다. 그리고 일단 한 번 만들어진 관계는 되돌리는 것이 대단히 어렵고 이미 더 이상 손쓰기 쉽지 않은 상황이 되어 있을 수도 있습니다. 학교를 믿어야 한다고 하는 이유가 이것입니다.

인간의 이기성을 받아들이며 그 안에서 서로를 위한 존중을 터득할 때에서야, 주입된 정의, 언제든 사라질 정의가 아니라 비로소 아이들이 진짜로 배워야 할 정의 관념이 생성될 것입니다. 그리고 그것은 아마도 아이들 스스로 만들어낸 생각일 것입니다.

15.

인공지능
[챗GPT, 공진화, 플라시보]

낙엽수의 왕이라고 불릴 만큼 많은 효능을 가진 사과는 아침엔 금, 저녁엔 독이라고 알려져 있긴 하지만 사실 저녁에 먹어도 위액 분비를 촉진해 소화흡수를 돕는 효능을 보인다고 합니다. 저녁에 먹어도 괜찮다는 뜻이죠. 다만 위액 분비를 촉진시킨다는 이유 때문에 위장 기능이 좋지 않은 사람들은 저녁에 먹는 것을 피해야 하는데, 사실 그분들은 같은 이유로 저녁 시간에 다른 과일을 먹는 것도 가급적 자제해야 한다고 합니다.

'저녁엔 독'이라는 통념은 사과에 들어있는 유기산이 새콤한 맛을 주고, 입안에 침이 가득 고이게 하는 등 외부로 드러나는 몸의 반사 반응으로 인해 우리가 좀 더 예민하게 받아들였던 것일 수도 있습니다. 아니면 다 좋다고 받아들이는 것보다 항상 개별적인 디테일에 경계해야 한다는 일상의 주의였던 것 같기도 합니다.

건강상의 효능도 효능이지만 사과는 사실 인류의 역사에서 훨씬 중요한 상징으로 존재해 왔습니다.

에덴동산에서는 신으로부터의 독립^{혹은 신에 대한 거역}을, 뉴턴에게는 보이지 않는 힘^{만유인력}의 질서를 상징합니다. 그리고 2007년 스티브 잡스는 '스마트폰'이라는 작은 손안의 기계를 세상에 내보였습니다. 인간의 일상에 시간의 제약 없이 기계와 함께하는 순간의 출발이었고, 그 새로운 기기의 뒷면에 사과 로고가 있었습니다.

1976년 애플사의 오리지널 로고가 사과 한 알이 빛나고 있는 나무 아래 앉은 뉴턴을 기념 우표처럼 표현하고 있다는 사실이 그저 우연만은 아닌 것 같습니다.

이듬해부터는 지금의 한 입 베어 문 사과, 인간이 에덴동산으로부터 받은 원죄의식과 신으로부터의 독립 사이에서 끊임없이 줄타기하던 그 사과처럼 보이는 것을 로고로 삼았습니다. 일설에 의하면 컴퓨터 공학의 아버지 앨런 튜링이 청산가리를 주입한 사과를 한 입 베어 물고 자살한 일화를 모티브로 했다는 얘기도 있고, 애플의 공동창업자 워즈니악에 따르면 사과를 한 입 깨문 것은 '지식의 습득'을 의미한다고 설명하고 있기도 합니다.

2007년 잡스의 역사적인 프레젠테이션이 있고 난 뒤 고작 16년, 인간의 역사는 완전히 스마트폰을 중심으로 재편되었습니다. 경제,

산업, 문화 전반의 영역에서도 그랬지만, 그중에서도 가장 중요한 것은 바로 '일상의 재편'이었습니다. 저 정도의 짧은 시간 안에 삶이 이토록 편리해진 것도 놀랍지만, 그 시간에 인간이 이토록 쉽게 종속되어 갔다는 사실도 그저 놀라울 뿐입니다. 스마트폰은 이제 손에 들고 다니는 전화기, 들고 다니는 컴퓨터, 들고 다니는 TV의 단순한 산술적 합체가 아니라 우리의 하루를 완전히 지배하는 손안의 시스템, 들고 다니는 유니버스가 되었습니다.

어른들은 그래도 스마트폰이 존재하지 않았던 시대에 대한 기억도 함께 존재하기 때문에, 내가 쥐고 있기는 하지만 정작 내 삶을 쥐락펴락하고 있는 이 기기가 없었을 때 나의 삶이 어떠했는지에 대한 아련함이 남아 있을 것입니다.

그러나 16년이 지난 지금, 거의 모든 우리 아이들은 이미 이 '스마트한 생태계'에서 태어나고 자랐습니다. 스마트폰의 알람으로 깨어나고, 아침 뉴스를 검색하거나 유튜브에서 동영상을 시청합니다. SNS 계정을 확인하고, 실시간 정보를 주고받으며, 끼니때마다 맛집을 검색하고, 게임을 하고, 홈트레이닝을 하고, 또 무엇을 하고 무엇을 하고, 그리고 말미에는 침대에 누워 유튜브 동영상이나 게임, SNS에서 대화를 주거니 받거니 하다가 문득 잠드는 것으로 하루가 마무리됩니다.

아이 손에 놓인 '사과^{apple}'나 '은하수^{galaxy}'는 변수가 아니라 이미 상수입니다. 쉽게 얻은 정보는 쉽게 사라지는데 이것을 '구글 효과'라고 합니다. 아이들은 자꾸 뇌리에서 사라지는 정보들, 분명히 이전에 찾았던 정보를 별다른 노력 없이 또 찾고 네트워크의 천지사방을 유영하고 다닙니다. 언제든 손쉽게 들춰볼 수 있는 세계가 고작 한 손안에 들려 있기 때문입니다.

실제로 우리가 검색하는 인터넷 페이지의 5분의 1은 4초도 안 되는 시간에 소비한다고 알려져 있습니다. 그리고 카카오톡의 메시지를 읽는 것보다 "카톡왔숑!"하는 메시지 도착 신호에 더 많은 도파민이 분비된다고 합니다. 바로 이런 이유로 특별한 이유 없이 스마트폰을 집어 들고 혹시 내가 모르는 새에 메시지가 왔는데 놓친 것은 없는지를 자꾸 확인하게 되는 것이지요.

이런 상황에서 스마트폰 중독 여부를 묻는 질문들을 따라가다 보면 부모들은 우리 아이가 심각한 중독인 것 같아서 걱정하고, 아이들은 '다른 친구들은 모두 나보다 훨씬 심하게 한다'며 자신은 양호하다고 주장하는 일들이 늘 반복됩니다.

행동주의 심리학자인 스키너는 "어떻게 인간을 자유롭게 할 것인지가 문제의 전부라고 생각하는 것은 잘못되었다. 진정한 문제는 인간이 통제받는 방식을 개선하는 것이다"라고 했습니다. 행동에 대한 보상이 예측할 수 없고, 간헐적이라면 다시 그 행동을 하려는 충동을 제거하기가 매우 힘들다는 것을 증명하기 위해 사용한 말입니다. 그러니까 아이들에게 스마트폰을 그만하라고 강조해봐야 아이들이 그만두는 것에서 자신을 만족시키는 보상을 확인하지 못한다면 아이들은 이불을 뒤집어쓰고라도 기어이 유튜브를 보고 게임을 할 것이라는 뜻입니다.

고등학생인 경우는 대학 입학 등 머지않아 곧 닥칠 미래에 대한 걱정과 이에 대한 스스로의 노력이 동기가 되고 행동을 제어할 수 있는 보상이 될 수도 있을 것입니다. 하지만 초등학생, 중학생들에게 공부를 위해 폰 사용을 멈출 것을 요구하는 것은 아이들에겐 너무 먼 미래를 위해 지금 손안의 짜릿함을 포기하라는 것에 다름 아니어서 만족시키는 보상이 되지 못할 것입니다.

그러니까 보상은 매력적이며 예측 가능해야 합니다.

공부를 하는 것의 보상으로 폰 사용을 허락하는 경우와 폰 사용을 그만두게 하기 위한 보상으로 용돈을 올려 준다거나 하는 것은 다른 의미를 갖습니다. 공부의 보상 개념은 결국 아이들에게 공부란 하기 싫은 것, 나를 괴롭히는 것을 억지로 한다는 이미지를 강화합니다. 그리고 나를 기쁘게 하는 보상인 폰 사용을 위해서 '엄마 아빠를 기쁘게 하는, 그렇지만 자기는 하기 싫은 공부'를 한다는 생각이 심어질 것입니다. 이런 공부를 한 아이는 당장의 성적에는 긍정적인 영향을 줄 수 있을지 몰라도, 고등학교 대학교 이후 진정으로 자기 스스로 계획을 세우고 주도적으로 하는 진짜 공부에는 지장을 겪을 것입니다.

그리고 이만큼 공부를 하기만 하면 폰 사용을 마음껏 해도 된다는 방식으로 허용하는 방식에 익숙해진 아이에게는 스마트폰 사용의 시간적 보상이 어느 순간부터 매력적이지 않고 당연한 것으로 받아들이게 될 겁니다.

이와 달리 스마트폰 사용 시간을 정하거나 다른 방식으로 제약을 걸면서 그에 대한 예측 가능한 매력적인 보상을 제공하는 방식은 스마트폰을 과도하게 사용하는 것이 부정적인 행동이며 장기적으로는 그것을 개선해 나가야 하리라는 것을 아이에게 심어줄 것입니다. 거기에 아이가 추가적으로 확보된 시간에 공부를 스스로 하는 것을 선택했다면 공부에 대한 보상 개념 대신 그 자발성에 대한 보상이 이루어진다면 시너지 효과가 발생할 수도 있습니다.

스마트한 시대와 관련하여 우리가 더 긴하게 생각해 봐야 할 지점이 있습니다. 바로 오픈형 AI(인공지능)에 대한 얘기입니다.

2023년이 시작되면서 오픈형 AI로 세계인의 관심이 뜨겁습니다. 이른바 챗GPT가 무료서비스를 시작하자마자 반년 만에 사용자가 억 단위를 넘었고, 이에 질세라 2월 마이크로소프트와 구글도 동일한 서비스를 자사의 검색엔진에 탑재하겠다고 발표했습니다. 누군가는 이 서비스를 아이폰의 탄생만큼 거대한 혁신이라고 평하고 있습니다.

사용자는 대화형 질문을 하고 이제 AI는 방대한 네트워크의 정보를 종합하여 대답을 들려줍니다. 단순히 정보만이 아니라 감성적인 대화까지 가능합니다. '봄에 대한 시를 써 줘'라고 부탁하면 꽤 그럴듯한 시 한 구절을 선보입니다. 정보 전달자이자 시인이고 수필가이며 언제든 내 대화의 상대방이 되어 줍니다.

혹자는 몇 번의 사용 경험을 통해 이렇게 평가하기도 했습니다. "적어도 고등학교 2학년 때까지 숙제를 위해 보냈던 시간들이 무의미해지는 순간이다."

이런 일이 실제로 발생하기도 했는데 2023년 2월 8일 기사에 따르면 국내의 한 국제학교에서 영어 에세이 쓰기 숙제를 챗GPT를 사용하여 제출한 학생 7명 전원이 0점 처리되었다고 합니다. 이런 이유로 각 조직마다 과제에 대한 검증 시스템을 개선하는 것이 발등의 불이 되었습니다.

솔직히 무서워지기 시작합니다. 그나마 이제까지는 손안의 세상에서 접속해 있는 '다른 누군가'라는 인간과 커뮤니케이션을 했다면, 앞으로는 누군가와가 아니라 이 '엔진'과 하루 종일 대화를 할 수도 있습니다. 이 상대방은 나를 감정적으로 자극하지도 않을 것이고, 내가 원하는 거의 모든 대답을 수초의 시간 안에 들려줄 것입니다.

그동안 의사소통 이론에서 메시지의 내용은 7%이고, 나머지 93%는 몸짓이나 어조 등 비언어적 요소들이 차지한다는 통념도 더 이상 의미 없을 것입니다.

때로는 평온하고 때로는 무미건조하게 들릴 AI와의 '상대의 의중을 파악할 노력이 필요 없는 대화'에 익숙해지다 보면 이제 우리는 실재하는 타인과 대화하기 위해서 '무모한 도전'과 '더할 나위 없는 용기'를 따로 길러야 할지도 모릅니다.

잡스의 프레젠테이션에서 이만큼 오기까지 16년이 걸렸듯이, 우리의 소통이 손가락을 이용한 대화, 단 한 명의 '엔진'을 친구로 생각하는 시대가 도래할 때까지 그리 오래 걸리지 않을 것만 같습니다.

사람이 '인간성'을 지니며 산다는 것은 어떤 의미일까요?

인간으로서의 존엄과 자신의 고귀한 철학을 지니고, 타인을 자신과 동일하게 존엄시하며, 서로의 관계를 통해 내면을 서로 성장시키는, 말하자면 성장의 공(共)진화$^{coevolution.\ 한\ 생물집단이\ 진화하면\ 이와\ 관련된\ 다른\ 생물집단도\ 진화하는\ 현상}$의 모습이어야 한다고 생각합니다.

공진화 개념에서는 어느 한 종만 두드러지게 진화하고 함께 진화할 다른 종의 발달이 멈춘다면, 두드러진 진화를 한 종 역시 멸종의 위기를 겪을 것이라고 합니다. 종 전체에서 서로 함께 성장해야 두 종 모두 생존해 나갈 수 있다는 의미입니다.

그런데 우리는 드디어 생물학적 진화를 거듭하고, 득의양양하게 기술의 진보를 거듭한 끝에 이르러 어느샌가 인간이 존엄한 공진화가 필요하지 않는 시대에 도달해 버렸는지도 모릅니다. 우리가 진짜 걱정해야 할 미래는 첨단의 기술을 따라가지 못하는 기술낙오자가 되는 것이 아니라, 그 첨단의 끝에서 파편화된 개인만 남아 있는 인간, 그래서 더 이상 인간을 '사회적 동물'이라고 부르기 민망해지는 그런 디스토피아의 도래입니다.

아이들의 게임 중독, 인터넷 중독, 스마트폰 중독에 대해서 항상 산더미 같은 걱정을 안고 있는 부모님의 마음을 전적으로 이해하지만 그래도 오늘 하루는 눈치채지도 못하는 사이에 우리 일상을 지배해 나가고 있는 이 '관계의 부재와 인간성의 상실'이라는 조금은 무거운 주제를 아이와 함께 얘기해 보는 것은 어떨까요?

적어도 스마트폰 시대에서 이미 자라온 우리 아이들에게 함께 경각의 시간이라도 가져 보길 진심으로 권합니다. 그리하여 우리 아이들만큼은 자기에 대한 사랑만큼은 아닌 그 언저리 정도의 수준에서라도 타인에 대한 존중과 애정하는 마음을 소중히 키워나갈 수 있기를 바랍니다.

'플라시보 효과'라는 것이 있습니다. 실제 효능이 있는 약이 아니지만 '효능이 있다'라고 알려진 약을 처방받았다는 생각이 뇌의 도파민 같은 호르몬 분비를 촉진시켜 실제로 병이 나아지는 효과가 발생하는 것을 뜻합니다. 플라시보 효과는 처방받는 약의 크기가 클수록, 그리고 약보다는 주사로 처방받을수록 더 크다고 합니다.

비슷한 의미로 영국 의사 존 헤이가스는 "똑같은 치료제라도 평판이 나쁜 의사보다 유명한 의사에게 처방받을 때 약효가 더 뛰어나다"고도 했습니다.

기술진보의 AI시대에 아이들과 나누는 진지한 대화가 근원적인 해결책이라고 감히 말씀드릴 수는 없습니다. 하지만 아이들에게 가장 강력한 플라시보이자 가장 유능한 의사는 바로 '엄마 아빠'여야 한다는 것은 불확실함 투성이 속에서도 몇 안 되는 확실함입니다. '동의보감'의 저자 허준이 평생 도달하고자 했던 경지의 '심의(心醫)', 마음을 읽는 의원은 사실 언제나 부모였습니다.

16.

갈등, 승자와 패자
[죄수의 딜레마]

우리는 늘 싸웁니다. 우리는 이기기 위해서 싸웁니다.

그런데 만약 우리가 싸움에 이기고 통쾌하게 상대를 굴복시켰다고 해도 그것이 곧 완벽한 승리를 의미하지는 않습니다. 그 싸움은 상대를 굴욕감에 젖게 만들어 승자인 나에게 존중의 감정보다 분노와 복수의 감정을 새겨 놓았을 것이기 때문입니다. 혹은 나를 다시는 도전하지 못할 벽 같은 존재로 격상시킴으로써 두려운 존재, 복종해야 할 존재로 받아들일 수도 있을 겁니다. 역설적이게도 상대가 어떤 태도를 취하든 그것은 상대에게 진정한 승복을 불러일으키지 못하고, 내가 결국 얻고자 했던 싸움의 목적에서 가장 동떨어진 종착지에 내려야 할 수도 있습니다.

대의민주주의 사회에서 승자독식의 선거제도는 항상 비슷한 사후 스토리를 남깁니다. 승리를 선언한 승자는 패자에게 애썼다고 위로하는 척하면서 패배를 인정하라고 다그칩니다. 패자는 승리를 축하한다고 전하는 동시에 속으로는 받아들일 수 없다고 과정을 의심합니다. 그리고 이런 모습은 결과가 1표 차이든, 백만 표 차이든 크게 다르지는 않은 것 같습니다. 어쩌면 이것은 이긴 자가 모든 것을 가져가는 시스템에서 당연한 사후 반응이라고도 할 수 있습니다. 그래서 선거가 끝나면 다음 선거가 있을 때까지 결코 상대를 인정하지 않으려 하면서 국지전을 이어가는 양상을 보이는 것입니다. 겉으로는 대화와 타협을 주장하면서도 상대를 대화의 파트너로조차 인정하지 않으려 하는 모습, 정치 뉴스에서 우리는 늘 목격합니다. 목적을 잃은 싸움이며 오직 이기는 것만이 목적이 되어버린 본말이 전도된 싸움입니다.

우리 아이들이 결국 이긴 자가 모든 것을 다 갖는다는 '승자독식'이 모든 싸움의 결론이라고 배우지 않았으면 좋겠습니다. 단 한 톨까지도 상대에게 넘겨주지 않으려는 승리의 집착이 종내에는 나와 너 모두를 공멸케 할 수도 있다는 것을 알았으면 좋겠습니다.

싸움을 통해 이루고자 하는 목적이 있다면 그것은 싸움에 이겨서가 아니라 싸움의 시작과 중간, 그리고 끝나고 난 뒤의 각자의 '태도'에 의해 완성된다고 합니다. 승자의 경멸과 무시는 머지않은 미래에 양 당사자의 패배, 혹은 패자에 의한 전복의 씨앗을 당연하게도 품고 있습니다. 더군다나 내가 싸움에서 이겼다고 해서 내 생각이 옳다는 것을 뜻하지는 않습니다.

그래서 만약 우리가 이루고자 하는 것이 내가 겪고 있는 갈등상황의 해결이라면 지금 치르고 있는 전투방식이 그 목적을 달성하는데 적절한가를 돌아봐야 합니다. 당장의 승리가 마치 해결을 가져온 것 같아 보여도 오히려 그것은 더 큰 갈등의 서전일 수도 있습니다.

싸움을 통해 우리의 목표에 도달할 수 있는 유일한 길은 비록 우리의 싸움은 치열했으나 상대에 대해 파트너로서의 존중감을 잃지 않는 것입니다. 싸움이 끝난 후에는 승자에게는 관용이, 패자에게는 자존감을 유지한 인정이 필요합니다.

사실 엄밀히 말해 내가 싸움에서 이겼다면 그것은 상대가 졌기 때문입니다. 상대가 없다면 나는 이길 수 없습니다. 결국 내 승리의 50%는 상대 덕분입니다. 그러므로 싸움에서 이긴 결과로 내가 얻게 된 포상 전부가 내 몫이 아니며, 상당 부분 상대에게도 그 지분이 있다고 받아들였으면 좋겠습니다.

넬슨 만델라는 남아프리카공화국의 인종차별정책인 아파르트헤이트에 대해 반대하다가 27년간의 수감 생활을 견뎌낸 수많은 흑인들의 영웅입니다. 출소 후 대통령에 당선된 그는 남아프리카공화국에서 투표로 선출된 첫 대통령이었고 세계 최초의 흑인 대통령이었습니다. 놀랍게도 취임식 때 그는 로벤 감옥에서 자신을 감시했던 백인 교도관을 초대했고, 아파르트헤이트 체제를 유지하기 위한 정보기관의 책임자와 자신을 기소했던 검사도 만나 식사를 함께 했으며, 로벤섬의 교도소장을 오스트리아 대사로 임명했다고 합니다. 문제를 해결하는 것과 상대를 배제하는 것의 본질적인 차이를 보여주는 장면입니다.

이에 반해 이기기만을 위한 싸움은 어떻게 진행될까요?

우선 상대의 입장과 주장을 받아들이기보다 무조건적으로 반격하고 그에 대한 비난을 퍼붓습니다. 상대가 왜 이 싸움을 시작했는지보다 이 싸움을 걸어옴으로써 나에게 준 감정적 타격에 집중하며 상대에게도 똑같은, 혹은 조금이라도 더 큰 타격을 주는 것에 골몰합니다. 역사적으로 몇 차례의 세계대전과 냉전 시대 군비경쟁 등을 되돌아보면 인간의 역사는 '반격의 역사'입니다. 어느 순간 처음 시작은 도대체 누가 시작했는지, 뭐 때문이었는지조차 기억나지 않게 됩니다.

다음으로 상대를 존중하는 대신에 나의 몸집을 불리려 합니다.

학교폭력 사안을 예를 들어보면 나와 생각을 같이하는 친구들과 집단적으로 대응하던가 피해자 비난 여론을 조성하거나 SNS를 통해 문제를 확장시키는 등 문제의 해결을 부모님에게 전적으로 맡겨 버리게 됩니다. 일단 이렇게 진행이 되면 나는 싸움을 시작하기는 했지만 싸움을 멈출 수는 없게 됩니다. 오스트리아 황태자비 부부를 암살한 세르비아 청년이 그 사실로부터 촉발되어 일파만파 퍼져나간 1차 세계대전을 막을 수는 없었던 것처럼 말이지요. 세계대전이 분명 누군가의 승리와 누군가의 패배로 끝났지만 생각해 보세요. 남은 것은 전세계에 남은 폐허뿐이었습니다.

어떤 싸움이든 당사자의 확대와 대리전은 언제나 서로의 패배, 상처뿐인 영광, 폐허 속의 트로피의 가능성을 내포하고 있습니다. 특히 심의위원회의 조치에 만족할 수 없어서, 행정심판, 행정소송, 민사소송 등 법적인 절차로 쾌속 질주하게 되는 순간부터는 오로지 이기는 것만이 단 하나의 목표가 되고 맙니다.

이기기 위한 싸움이 바야흐로 시작되어 버렸고, 당사자가 이제 이 흐름을 멈추는 것이 힘들어졌다면, 그래서 목적을 잃고 승패에만 집착하는 싸움이 되어버렸다면 필요한 것은 중립적 제3자입니다. 하지만 그 3자는 직접적인 개입을 해서는 안 됩니다. 만약 그렇게 된다면 또 다른 참전자가 될 뿐이지요.

중립적 제3자는 편향되지 않고, 당사자로 하여금 본인들이 지금 어느 정도의 늪에 빠져 있는지를 스스로 돌아볼 수 있도록 해야 합니다. 그래서 일순 돌아가기엔 너무 먼 길을 온 것 같다고 생각이 들 때에도 그 제3자의 도움으로 돌아갈 수 있을 것이라는 기대가 생겨야 합니다.

그런데 나 혼자 돌아갈 수는 없습니다. '죄수의 딜레마' 때문이지요. A, B 두 공범이 서로 정보를 나눌 수 없는 독립된 방에서 구금되어, 만약 둘 다 죄를 부정하면 징역 1년, 둘 중 한 명만 자백하면 자백한 범인은 무죄 자백하지 않은 범인은 징역 3년, 둘 다 자백하면 둘

다 징역 2년을 받는다고 쳤을 때 각각은 상대를 믿지 못하고 배신을 하게 된다는 딜레마이지요.

나 혼자 돌아가야 하고 상대는 여전히 승리를 향해 폭주하고 있다는 생각이 들면 나는 돌아갈 수 없습니다. 이때 상대도 돌아갈 것이라는 신뢰를 누군가가 전달해 줘야 하는데 그것 역시 중립적 제3자가 해야 할 일입니다.

학교폭력 사안의 많은 치킨 게임^{한쪽이 포기하면 다른 한쪽은 이익을 보지만 둘 다 포기하지 않으면 둘 다에게 최악의 상황을 초래하는 게임}에서 이 중립적 제3자의 존재는 무엇보다 중요해지는데 이 3자가 해야 할 가장 중요한 역할이 바로 '질문하기'입니다. 질문을 통해서 스스로 해결해야 할 지점을 모색하고 원래 싸움의 목적을 다시 상기시키는 것이지요.

질문하기와 관련하여 다시 생각해 보도록 하겠습니다.

우리는 늘 싸웁니다.
1. "왜 싸우냐?"고 물으면 대부분 이기기 위해서라고 대답하죠.
2. "어떻게 이길 것이냐?"고 물으면 통쾌하게, 혹은 완벽하게 이기는 것이라고 또한 대답하거나 어떻게든(!) 이길 것에 대해 얘기할 것입니다.
3. "완벽하게 이기는 것이 무엇이냐?"고 물으면 대체로 상대가 완전히 승복하는 것이라고 대답할 겁니다.

4. "상대가 완전히 승복하는 것을 어떻게 확인할 수 있는가?" 물어보면 그 때부터 대답이 다양해지겠죠. 그럼에도 변하지 않는 얼개는 승자는 승리를 쟁취하는 자이고 패자는 패배를 받아들여야만 하는 자입니다.

질문을 바꿔 봅시다.

왜 싸우냐 대신
1. "싸우는 목적이 무엇인가?"라고 물어본다면 어떻게 대답할까요? 여기에 "이기기 위해서요"라는 답이 적절하지 않다는 것을 아이는 곧 알게 될 겁니다. 이기는 것은 싸움의 결과이지 싸움의 목적은 아니니까요. 이제 우리는 왜 싸우냐라는 질문이 상대를 염두에 둔 질문이지만, 목적을 묻는 질문은 나를 염두에 둔 것이라는 것을 알게 됩니다. 그래서 아마 이렇게 대답할 가능성이 있습니다. "내 생각이 옳으니까요", "틀린 것을 바로잡기 위해서요" 등 자신의 생각을 들여다보고 대답할 겁니다.

다음으로 어떻게 이길 것이냐 대신
2. "그렇다면 네 싸움의 목적은 어떻게 이루는 것이 바람직할까?"라고 물어봅시다. 그러면 싸움의 방법에 치중했던 자신에서 벗어나서 자신도 안전하고, 상대도 조금은 안전해지는 그러면서 진짜 이루고자 하는 것을 달성하기 위해 취할 수 있는 여러 가지

태도에 대해 고민할 것입니다.

완벽하게 이기는 것에 대해 묻는 것과

3. "상대는 어떤 태도를 취하길 바라냐?"라고 묻는 것도 차이가 있습니다. 전자는 상대를 목적어로 대하고 있지만, 후자는 주어로 존중하는 질문입니다. 상대를 굴복시켜야 할 존재라고 생각했던 것에서 벗어나, 상대 역시도 나와의 싸움에서 이길 것을 갈망하는 존재라는 것을 받아들이게 되는 것이죠. 이제 나는 굴복시키고자 하는 갈망에서 조금은 자유로워지고 상대의 태도 여하에 따라 타협이나 협상의 여지를 염두에 둘 수 있게 됩니다.

앞서 3가지의 질문들이 전환됐다면 자연스럽게 상대의 완전한 승복을 확인하는 질문은 불필요해졌을 겁니다. 대신

4. "그렇다면 이 문제를 해결하기 위해 함께 노력해야 할 지점은 무엇인가?" 정도로 바뀌는 것이 적절할 것입니다. 이제 아이는 내가 행복해지기 위해서 나의 노력과 상대의 노력, 상호 존중과 배려의 방법에 대해 고민하게 되겠지요. 이런 과정을 거쳐 나를 비롯한 상대, 그리고 공동체의 회복이 출발선에 설 수 있습니다.

질문은 이렇듯 중요합니다. 그리고 현재 많은 시도교육청에서 이 질문을 하는 프로세스가 있는데 '회복적 조정'이 그 역할을 담당합니다. 만약 학교폭력과 관련해서 어느 순간 목적을 잃고 있거나 확신이

흔들리고 있다고 여겨지신다면 이 회복적 조정을 적극적으로 고려해 보시기를 권합니다.

우리는 과학과 역사를 통해 깨달아 왔습니다.

순수한 금속은 약하지만, 오히려 불순물이 섞이면 단단해진다는 사실을 말이지요. 순수 구리에서 합금 청동으로 바뀌는 것만으로도 청동기시대라는 새로운 시대가 열리기도 했습니다.

그리고 그것은 사람의 생각도 마찬가지입니다. 오직 나의 생각만이 옳고 그래서 내가 이겨야만 한다가 아니라 나의 생각과 더불어 너의 생각과 입장을 받아들인다면 그것은 내가 더 단단해지는 멋진 토양이 될 것입니다.

17.

회복적 정의 - 회복적 조정
[엘마이라, 구체적 사과, 재발 방지 약속, 회복을 위한 노력]

"나쁜 일은 우리가 생각하는 것만큼
우리에게 심각한 영향을 주지 않으며
좋은 일도 마찬가지다"

- 하버드대학의 대니얼 길버트 교수 -

1974년 5월 캐나다의 '엘마이라'에서는 열여덟 살의 두 소년이 "세상을 지옥으로 만들자"며 가지고 있던 칼로 승용차 24대의 타이어를 찢고 망가뜨린 일이 있었습니다. 그리고 22가구에 침입해 물건을 부수고, 신호등 같은 공공기물도 무차별적으로 파손했지요. 언제나 조용했던 작은 마을 엘마이라는 그날 새벽 3시 이후, 잠을 이룰 수 없는 마을이 되었습니다.

이 사건을 담당하던 보호 관찰관 '마크 얀치'는 소년을 수감해 고통받게 하는 것으로 소년이 범죄를 되풀이하지 않을 것인지 확신하지 못했고, 피해자와 가해자 모두에게 최선의 방법은 무엇인지를 고민했습니다. 그가 생각해낸 방법은 자신들의 행위로 피해자들이 어떤 고통을 겪었는지, 어떤 불안을 가지게 되었는지를 소년들에게 직접 듣게 하는 것이었습니다. 소년들은 자신의 행위의 결과를 직접 목격하고 들으며 진심으로 뉘우치게 됩니다. 또한 피해자 집의 잔디를 깎기도 하고, 할아버지의 말벗이 되기도 하면서 스스로 책임지려는 모습을 보였으며 이 과정을 통해 제대로 살아가는 방법에 대해 깨우치게 됩니다. 마을 사람들 역시 소년들을 만나고 막연한 분노와 불안에서 헤어나 다시 편한 잠을 잘 수 있게 되었습니다. 두 소년 중 한 명인 러스 켈리는 이후 정의사회구현 운동가가 되었습니다.

이른바 회복적 정의, 회복적 사법의 시작입니다.

회복적 정의와 비교하여, 잘못을 저지른 사람을 처벌함으로써 사회적 정의를 지킬 수 있다는 생각을 응보적 정의라고 합니다.

전국 시·도교육청에서는 회복적 정의에 근거한 조정을 수행합니다. 이른바 '회복적 조정'입니다.

"북극곰을 떠올리지 않으려 노력하라. 그러면 그 빌어먹을 북극곰이 머릿속에서 한시도 떠나지 않을 것이다." 도스토옙스키의 말입니다.

실제로 15초 동안 어떤 것을 떠올려도 좋으니 코끼리만 떠올리지 말라고 해 본다면 우리는 15초 동안 내내 코끼리만 떠올리게 됩니다. 금지는 이처럼 강렬합니다.

우리가 어느 하나에 천착하다 보면 어느 순간 그 생각이 우리를 잠식하고 있다는 것을 알게 됩니다. 어떻게든 거기에서 빠져나오고 싶은데, 오히려 그 빠져나오려는 발버둥이 우리를 더 그것에 사로잡히게 만들죠. 잠이 오지 않을 때 잠을 자고 싶어 하는 강렬한 욕망이 더 우리를 잠들지 못하게 하는 것도 마찬가지일 겁니다.

알게 모르게 우리는 스스로가 만든 생각의 감옥에 여러 개의 방을 가지고 있습니다. 하지만 우리 스스로의 힘으로 그곳을 탈출하는 것이 결코 만만치는 않습니다. 이런 이유로 현재 미국의 유명 대학이나 실리콘밸리의 최고 경영자들에게 유행처럼 번지고 있는 것이 '명상'이라고 하네요.

그런데 추가적으로 내가 지금 외부적으로도 굉장히 곤란한 상황에 처해 있다고 한다면, 그 외부적 상황과 맞물려 돌아가는 나의 생각에서 빠져나오는 것은 웬만한 노력으로는 불가능할 것입니다. 원인인 외부적 상황이 변하지 않는다면 말이지요. 이렇게 스스로의 힘으로는 빠져나오지 못하는 생각의 감옥에서 벗어나기 위해 나 아닌 3자가 필요합니다.

그리고 학교폭력 사안에서 회복적 조정의 조정자가 그 역할을 수행할 수 있습니다.

학교폭력 사안이 발생하면 당사자 간의 대화가 이루어지지 않거나, 설령 이루어지더라도 중립적 제3자가 없는 상태에서의 대화가 상황을 더욱 악화시키는 경우가 종종 있습니다. 대화의 형식만 적절하게 유지됐더라도 모두에게 이득이 되는 적절한 해결책에 도달해 회복할 수 있는 사안들이 많은데, 사안의 당사자는 강한 감정으로 인해 그 형식을 유지하는 것이 사실상 불가능에 가깝습니다.

회복적 조정은 이처럼 갈등 당사자 간의 안전한 대화를 가장 우선으로 합니다.

조정자는 우선 각 당사자들을 따로 만나면서 각자의 입장을 듣습니다. 하지만 무조건적으로 공감하면서 듣는 것은 아닙니다. 조정자는 들으면서도 당사자가 자발적으로 문제를 해결하기 위해 필요한 지점에 대해 계속해서 고민합니다. 그 고민의 결과가 질문입니다. 그러니까 조정자가 조정 현장에서 던지는 질문은 그저 즉흥적으로 떠오르는 질문이 아니라 조정위원 간 꽤 오랜 시간의 논의를 거쳐 나온 정제된 질문입니다. 그 질문을 통해 당사자는 자신의 행위를 뒤돌아보고 자신의 행위로 인해 상대방이 어떤 영향을 받았는지 비로소 깨닫게 됩니다.

하지만 조정자의 질문만으론 온전한 해결책으로 나아가는 데 충분하지 않습니다. 상대방의 진짜 얘기를 들어야 하지요. 이렇게 양 당사자가 만나서 얘기를 나누는 과정을 '본조정'이라 하는데 이 본조정에 대한 철저한 준비를 조정자는 반드시 거쳐야 합니다.

조정자는 각각의 당사자를 만난 후에 충분한 회의를 거칩니다. 각 당사자의 얘기는 어떠했는지, 행위에 대한 인정은 어느 정도인지, 문제해결에 대한 충분한 의지가 있는지, 상대 당사자를 만나는 데 혹 예상되는 위험요소는 없는지 등을 꼼꼼히 체크합니다. 그런 연후에 이제 양 당사자의 대화를 주재하는 것에 대한 한층 밀도 있는 질문들을 준비합니다. 여기에는 형식적으로 조정의 공간이 어떻게 구성되어야 할지, 시간 구성은 어떻게 할지, 합의문의 양식은 어떤 방식으로 구성할지 등도 포함되어야 하므로 꽤 많은 시간을 필요로 합니다. 이러한 일련의 과정을 '본조정 설계'라고 합니다. 말하자면 조정을 디자인하는 시간입니다.

본조정에서 조정자는 양 당사자의 대화에 다리놓기를 합니다. 이 과정에서 의사소통 기법들이 사용됩니다. 요약하기, 바꿔 말하기, 가시 빼기, 적극적 듣기, 열린 질문 등 최대한 당사자가 그간 있었던 일에 대한 감정을 드러내게 하고, 그것을 상대가 받아들일 수 있도록 하며, 그를 통해 새로운 약속을 할 수 있도록 과정을 이끕니다. 드러내고, 받아들이고, 약속해야 하는 당사자는 그래서 드러낸 것을 듣기 위해 귀를 기울이고, 상대가 겪은 영향과 피해를 받아들이기 위해 마음을 기울이고, 앞으로 회복을 위한 약속을 지키기 위해 몸을 기울이게 됩니다.

하버드대학의 대니얼 길버트는 "나쁜 일은 우리가 생각하는 것만큼 우리에게 심각한 영향을 주지 않으며 좋은 일도 마찬가지다"라고 했습니다. 사람들은 복권에 당첨됐을 때의 행복도, 신체의 기능 중 하나를 잃게 되었을 때의 불행도 과대평가하게 되는데 사실 감정이 다시 원래의 기준선으로 돌아오는 데 그리 오랜 시간이 걸리지 않는다고 합니다.

학교폭력으로 내가 지금 너무 힘든 상황이라면 가장 중요한 것은 무엇일까요? 내가 허우적대면서 빠져나오지 못하고 있는 지금 이 상황을 한시라도 빨리 벗어나는 것이어야 합니다. 상대가 어떤 조치를 받는다고 해서 곧바로 내가 그 상황을 벗어날 수 있는 것은 아닙니다. 복수에 성공했다는 감정만으로는 내가 행복해지지는 않을 것이고 거기에는 또 다른 연결고리가 필요하지요. 지금 너무 힘들다고 말하는 나의 감정이 원래의 기준선으로 빨리 회복해 돌아가는 것에 집중해 본다면 우리의 대응은 조금 달라질 것입니다.

만약 거기에 동의하신다면 이제 우리가 주의할 것은 감정이 원래로 돌아오는 것을 방해하는 존재입니다. 학교폭력 사안에서 우리는 그 존재가 언제나 상대방일 것 같지만 의외로 나 자신이거나 혹은 내 팀, 즉 아군인 경우가 많습니다. 정확히 말하면 상대가 항복하기만을 바라는 나 자신 혹은 내 팀인 것이지요.

조정자는 상대에 대한 집착을 덜어내고 상대에 대해 이해의 폭을 넓힐 수 있는 여지는 없는지를 탐색합니다. 그러면서도 조정자의 그 태도가 행여 중립성을 잃고 어느 한쪽에 편향되어 있지는 않은지를 항상 성찰하면서 진행을 합니다.

상대에 대한 생각을 조금 걷어내고 걷어낸 그만큼 내가 회복하기 위해서 필요한 것이 무엇인가에 대한 조정자의 질문만으로도 내 감정이 행복의 기준선으로 복귀하는 것에 도움을 받을 수 있습니다. 우리가 집중하고 바라야 하는 것은 상대의 패배가 아니라 나의 회복을 위해 노력하고자 하는 상대의 의지입니다. 비슷한 이유로 나 또한 상대가 회복할 수 있도록 어떤 자세로 임해야 할지에 대한 고민도 필요하지요.

이런 일련의 과정을 진행하는 회복적 조정은 크게 세 가지를 목표로 합니다.

첫 번째, 구체적인 사과입니다. 사과라고 한다면 보통은 진정성 있는 사과를 말하지만 '진정성'이란 것은 유동적이고 권력적인 개념입니다. 똑같은 사과를 두 명의 피해자에게 했다 하더라도 A는 진정성이 없다고 느끼는 반면, B는 비로소 진정성이 느껴진다고 할 수 있는 경우가 허다합니다. 그래서 때로는 아주 간단한 사과도 받아들이는 사람이 있는가 하면, 모든 사람이 다 지켜보는 앞에서 공개적으로 사과해도 진정성이 없다며 계속 사과할 것을 요구하는 사람도 존재하게 됩니다.

이것을 해소할 수 있는 방법이 자신의 행위를 구체적으로 인정하고 그것에 대해 말하는 '구체적 사과'입니다. 자신이 어떤 잘못된 행위를 했고, 그로 인해 상대가 어떤 영향을 받았는지를 이해하였으니 이제서야 비로소 잘못했다는 생각이 들고 미안한 마음을 전하고 싶다 이런 방식입니다.

캘리포니아 대학 연구원 3명이 "저기요, 17센트만 빌려주시겠어요?"라고 구체적으로 말하면서 구걸하는 실험을 했습니다. 그 결과 일반적으로 "한 푼만 줍쇼"라고 할 때보다 지나가는 행인과 더 많은 대화를 나누고 더 많은 돈을 받을 수 있었다고 합니다. 말하자면 대충 말하는 것보다 구체적으로 말하는 것이 돈벌이에도 효과가 있다는 것을 증명한 셈이지요. 구체성이 호기심을 자극하고, 그냥 지나치려던 발걸음을 멈추게 한 것입니다. 사람들은 그 구체성으로부터 단순한 걸인(乞人)의 소음과는 다르다고 인지했고, 진짜 무엇인가가 필요하다고 여겼으며, 그에 따라 자신의 영향력을 보여주고 싶었던 것입니다. 구체성에는 이렇듯 사람의 마음을 움직이는 힘이 담겨 있습니다.

두 번째, 재발 방지 약속. 다시 하지 않겠다는 약속이며 이것 역시 구체적인 내용이 담부되어야 합니다. 이 구체적인 약속을 통해 피해를 입은 당사자는 앞으로 비슷한 일을 겪지 않을 것이라는 확신을 얻어야 합니다.

세 번째, 회복을 위한 노력입니다. 회복은 사과만으로, 혹은 즉각적으로 발생하지 않습니다. 시간과 노력이 필요하며 인내도 필요합니다. 상대에 대한 신뢰가 바탕이 되지 않으면 인내는 생기지 않으며 따라서 회복은 발생하지 않거나 더디게 이루어집니다.

회복은 또한 개인이 아니라 그 개인이 속한 집단 내에서 관계적으로 이루어져야 합니다. 이 사안을 알고 있거나 영향받은 사람은 아무도 달라지지 않았는데, 자기 혼자만 조정을 통해 달라졌다면 결국 이 아이는 공동체로 돌아가서 이전과 똑같은 경험을 하게 될 것이고 다시 부정적인 상황으로 돌아갈 것입니다.

이런 이유로 단지 피해자, 가해자만이 당사자가 아니라 이번의 사안으로 영향받고 피해받은 모든 사람들은 당사자라고 볼 수 있습니다. 본조정에서 당사자들은 최대한 원래의 상태로 돌아가거나 혹은 새롭게 성장한 평화의 상태로 회복하기 위해서 각자 어떤 노력을 할 수 있을지, 또는 추가적인 피해가 예상되는 지점이 있다면 그것을 예방하기 위해서 어떤 약속을 할 수 있을지를 함께 고민하고 해답을 찾습니다.

구체적 사과, 재발 방지 약속, 회복을 위한 노력 등에 대한 상호 양해가 이루어지면 조정자는 그 내용을 합의문이나 약속문의 형태로 작성합니다. 그리고 당사자에게 각각 한 부씩 나누고, 학교에다가도 그 원본을 전달합니다. 학생들이 회복을 위해 노력하겠다고 한 약속이 지켜지는 공간이 거의 대부분 학교이기 때문에 학교와 그 결과를 공유하는 것입니다.

결국 아이들이 회복을 경험하는지 여부를 확인하는 것은 조정자가 아니라 학교가 수행합니다. 아이들이 스스로 한 약속을 잘 지키고 있는지 선생님들께서 잘 지켜보시고 필요하다면 적절한 조언이나 격려 등을 할 수 있도록 조정자가 안내를 하고 학교가 그 내용을 인수하면 전체적인 회복적 조정이 마무리됩니다.

"악행은 악한 사람뿐만 아니라 안 좋은 상황에 처한 평범한 사람들도 저지를 수 있다." 뇌과학자 라사나 해리스의 말입니다. 부모인 우리는 상상조차 해 본 적이 없지만, 착하기만 한 우리 아이도 학교폭력의 가해자가 될 수 있습니다. 그건 우리 아이가 악해서가 아니라 안 좋은 상황에 놓여 있었기 때문일 수도 있습니다.

내 아이, 혹은 주변의 누군가가 학교폭력 사안으로 고민하고 있다면, 그리고 심의위원회의 조치로도 그 힘든 상황이 개선될 여지가 많지 않다고 생각되신다면 그때는 회복적 조정을 적극적으로 검토하기를 바랍니다. 아이들에게는 단순히 화해를 하는 절차가 아니라 진짜 상대를 이해하는 과정을 통해 교육적 배움이 있는 절차, 민주시민으로 성장할 수 있는 큰 계기가 될 것입니다.

18.

피해당사자 편 : 아이가 학교폭력의 피해당사자가 되었을 때

[구체적 사과, 재발 방지 약속, 관계 회복에 대한 노력]

학교폭력과 관련하여 부모는 아이들에 대해 우선적으로 믿는 모습을 보입니다. 하지만 그 믿음은 다른 여타의 상황과 달리 주관성을 띨 가능성이 매우 높습니다. 내 아이와 관련되어 믿음의 근거는 깊지 않지만 믿음의 세기는 다른 어떤 것보다 강력합니다.

객관적인 사안을 청취하려는 생각보다는 내 아이의 말을 전적으로 믿고 단단한 싸움을 준비합니다. 그런데 아이의 말을 믿다 보면 자연스럽게 학교의 조사에 대한 신뢰를 갖지 못하고 학교가 상대방 편을 들고 있다고 생각하기도 합니다. 객관적인 조사일 가능성이 큰데도 객관성에 의심을 품게 되는 것이지요.

우리 아이의 판단이 객관적인 상황과 거리가 있을 수 있습니다. 혹은 우리 아이의 기억이 왜곡되어 있을 수도 있습니다. 그러나 우리에게는 어쩌다 보니 잘못된 판단을 할 수도 있고, 기억이 왜곡되어 있어 보이는 아이는 우리 아이가 아니라 늘 상대 아이인 것으로만 여겨집니다.

내 아이가 피해를 겪었다고 한다면, 혹은 피해 학생이 되었다고 한다면 보호자는 어떻게 대응하는 것이 바람직할까요?
아이가 학교생활이 힘들다고 한다면 부모의 머릿속에는 우선적으로 몇 가지 생각이 스윽 하고 지나갈 겁니다.

'내 아이가 학교생활 적응에 문제가 있는 것은 아닌가?'
'다른 아이들도 흔하게 겪는 일을 우리 아이만 예민하게 반응하는 건 아닌가?'
'별일 아닌데 학교에 문제를 제기했다가 괜히 시끄러워지는 건 아닌가?'
'아이가 해결할 일인데, 나도 어차피 바쁘고 하니 일단 지켜봐야 하지 않을까?'

이처럼 부모의 뇌리를 최초로 스치는 것은 대체로 분노 감정이라기보다는 부정적 감정인 경우가 많습니다. 어떤 일을 겪었는지, 그 일로 인해 아이가 지금 어떤 감정 상태인 건지보다 우리 아이가 다른 아이들에 비해서 학교생활을 잘 해내지 못하고 있는 건 아닌지 먼저 의심하는 겁니다. 학교라는 사회화 기구에서 우리 아이가 적응에서도 뒤처지고 있는 건 아닌지 걱정이 되는 것은 어쩌면 경쟁적 사고입니다. 그래서 그런 일도 다 겪으면서 커야 한다고 하고, 그 정도 일도 스스로 해결하지 못하는 것에 대해 야단을 치기도 하지요.

그래서 많은 부모들이 아이가 실제 겪은 상처에 대해 예민하게 들여다보는 대신에 상당 부분 외면하기를 택하거나, 시간이 꽤 많이 지나고 아이의 아픔이 어느 정도 만성적이 되어서야 비로소 대응을 하기 시작하는 경우가 많습니다.

그런데 아이는 폭력적인 상황을 겪으면서 커야 할 이유도 없고, 아이 스스로 해결하는 것이 불가능한 경우도 많습니다.

초등학교 저학년 때에는 학교에서 일어난 정말로 별것 아닌 일들을 미주알고주알 부모님께 일러바치듯 얘기하지만, 대체로 초등학교 3학년 정도가 넘어가면서부터는 학교에서 있었던 일을 잘 얘기하지 않으려는 경향성이 생긴다고 합니다. 아이 역시도 친구들 사이에서 있었던 일이므로 스스로 해결해 보려는 생각들이 자라는 것이지요.

사춘기에 접어들면서 아이는 웬만해선 학교에서 겪었던 부정적인 경험을 말하려 하지 않습니다. 부모와의 관계보다 또래집단과의 관계가 더 중요해지는 시기이기 때문입니다. 자칫 자신이 문제를 제기했다가 이후에 친구들과의 관계에 부정적 영향을 미칠 것이 더 두려워지는 시기입니다.

그러니까 초등학교 저학년 때 "저 힘들어요"하는 말과 고학년 이후부터 "저 할 말 있어요"는 조금 다르게 듣기 바랍니다.

초등학교 저학년인 아이는 보통 자신의 기분이나 감정을 드러내는 것을 그다지 어려워하지 않습니다. 유치원 때부터 선생님이 항상 곁에서 기분을 알아봐 주고 실시간으로 적절하게 대응해 주었던 기억이 여전히 남아 있는 시기이기 때문입니다. 아이는 유치원에서 돌아오면 오늘은 어떤 일이 있었는지, 누구와 재미있게 놀았는지를 항상 궁금해 해주던 엄마, 아빠를 기억하고 있습니다.

그런데 초등학교에 입학하면서부터 부모의 관심은 공부 쪽으로 조금 더 무게중심이 이동합니다. 자연스럽게 아이의 관계에 집중하던 모습이 조금은 줄어들게 되죠. 하지만 아이는 엄마 아빠의 이런 작은 변화를 알아채기에는 아직 어린 나이입니다. 아이는 순간순간마다 느꼈던 자기의 감정을 얘기하는 것에 여전히 익숙합니다. 아이는 자기의 기분에 온전히 눈 맞춰주고 마음을 맞춰주던 얼마 전까지의 부모를 기대하며 순간적인 자기의 감정 변화도 당연히 품어주길 기대합니다.

아이가 친구와의 관계에서 힘들어하는 것을 무시하라는 얘기는 아닙니다. 대신 아이의 감정을 받아들여 부모의 내면에서 증폭시키고 무조건적으로 전투를 시작하는 것은 신중하게 결정하라는 의미입니다. 애석하게도 최근 초등 저학년의 학교폭력 사안의 상당수는 이런 방식으로 진행됩니다. 그러다보니 부모인 나는 아이 때문에 너무 속상하고 아이가 너무 걱정돼서 이 싸움을 시작했는데, 시간이 얼마 지나지도 않아서 순간의 감정이 해소되어 버린 아이들끼리는 다시 예전처럼 친하게 놀고 있습니다. 부모면서 싸움을 시작한 나는 이것을 받아들이기 힘들어집니다. 선생님들의 눈초리도 예사롭지 않죠.

이때쯤 주변에서 이런 말들도 들리기 시작합니다.
"얘들끼리는 친하게 지내는데, 부모가 문제예요."
사실 부모의 문제도, 누구의 문제도 아닙니다. 아이가 다시 아무 일 없다는 듯 그 아이와 노는 것도 문제가 아니고, 부모가 다시 원래대로 돌아가는 탄성의 속도가 아이의 속도와 다른 것도 잘못은 아닙니다. 아이와 달리 어른인 내가 싸움을 멈추는 데는 시간이 필요하기 때문이지요.
문제는 부모인 내가 이 싸움을 멈추지 못하는 관성입니다. 멈추기 위해서는 마음도 필요합니다. 나의 자존심도 존중받아야 합니다.
멈추는 데 필요한 그 시간이 어떻게 채워질지는 장담할 수 없습니다. 나와 상대의 부모가 격렬한 싸움을 하고 있는데 손잡고 재밌게 놀고 있는 두 아이를 어떻게 바라볼지에 따라서 싸움의 미래가 결정됩니다. 어른인 우리는 저 둘의 맞잡은 손을 떼어놓을 수도 있고, 그냥 내버려 둘 수도 있고, 놀이터에 가서 함께 놀아줄 수도 있습니다.
하지만 확실한 것은 이겁니다. 만약 상황이 이렇게까지 진행되었다면 나의 승리가 곧 아이의 승리는 아니라는 것이지요.

저학년일 때 아이들은 실수를 하기도 하고 의도적으로 잘못을 하기도 합니다. 잘못의 의도 역시도 저학년일 때에는 선도보다 교육의 대상이어야 합니다. 그것이 왜 잘못이고, 그 의도는 어떤 위험성을 지니고 있는지, 그리고 잘못을 한 경우에 나의 정중한 태도는 어떠해야 하는지 유치원 때와는 다른 사회에서 또한 배워야 합니다. 그것도 여러 번 가르쳐야 합니다. 저학년이니까요. 저학년인 아이는 경험에서 배우지만 그것이 자기의 내면에 하나의 원칙으로 자리 잡기까지는 노력과 시간이 필요합니다.

그리고 그 가르침은 학교와 가정이 함께 보조를 맞추어 가는 것이 바람직합니다.

저학년인 경우 담임 선생님은 거의 아이들과 함께 있습니다. 모든 일을 예민하게 바라보고 일상적으로 교육을 담당할 수 있는 사람은 전 세계에서 단 한 명밖에 없습니다. 바로 담임 선생님입니다. 선생님에 대한 신뢰를 가져 주세요.

물론 부모님이 보시기에 선생님이 대응이 적절하지 않아 보일 수도 있습니다. 이 경우에는 조금 더 아이에 대한 정보를 들려주는 것이 바람직합니다. 부모님이 제공해주지 않은 아이에 대한 정보를 교사가 알아차리는 데에는 시간이 걸립니다. 때로는 영영 알아차리지 못할 수도 있습니다.

당연한 일입니다. 선생님은 한 명인데 아이들은 여러 명이기 때문입니다. 그때는 알려 주세요. 그리고 일방적으로 선생님께 해결책을 요구하기보다 함께 괜찮아지는 것에 대해 머리를 맞대보시기 바랍니다.

아이는 성장합니다.
그 과정에서 나의 순간순간에 귀 기울여주던 엄마 아빠의 존재는 조금씩 사그라집니다. 아이는 학교에 익숙해지고, 학교에서의 친구 관계에 익숙해지고, 학교의 시스템에 익숙해지고, 조금씩 부모의 지극한 관심에 대해서도 생각을 하기 시작합니다.
이제 아이는 둘 중 하나를 선택합니다.
부모의 지극한 관심을 계속해서 받기를 원하거나, 혹은 조금씩 부모의 지극한 관심에서 독립을 하는 것 중에서 말이지요. 부모의 지극한 관심을 계속해서 바라는 아이는 저학년일 때와 비슷한 상황이 연출될 가능성이 큽니다. 그때는 앞서의 생각들을 다시 고려해 보시기 바랍니다.

학년이 높아지고 있는 아이가 부모의 관심에서 조금씩 자유로워지고 있는데, "나 조금 힘들어요"라고 얘기한다면 이때는 진짜 학교폭력의 문제가 진행되고 있을 수도 있습니다. 초등학교 고학년부터 고등학교까지 아이가 '친구 때문에 학교 다니는 것이 힘들다'고 말하면 그건 아마 몇 차례 말할까 말까를 고민하다 얘기를 꺼내는 것일 가능성이 높습니다.

이때는 별로 중요한 일이 아닌 것처럼 그냥 지나가서는 안 됩니다. 아이가 무심하게 던진 말이 어쩌면 최적의 골든타임을 알려주는 신호일 수 있습니다. 이제 드디어 부모의 싸움을 시작하라는 신호가 아니라 아이의 피해를 멈춰야 할 책임의 시작이라는 뜻입니다. 학교와 신뢰를 전제로 한 소통을 하여야 할 시기입니다. 아이가 다시 안전해지기 위해서 무엇이 필요한 것인지 고민을 해야 할 시간이 다가온 것입니다.

다음으로 아이가 못나서 그러는 것으로 생각해서 아이를 비난하지 않기를 바랍니다. 폭력의 피해를 겪었거나 혹은 집단의 시선 속에 힘들어하는 아이는 그렇지 않아도 친구들과 선생님으로부터 비슷하게 비난받고 있을 수 있습니다. 이런 아이에게 부모가 피해자 비난을 해서는 안 됩니다. 부모로부터 비난받은 아이는 더는 자기의 피해를 부모에게 표현하지 않을 겁니다. 자신이 받아들여지지 않는 경험을 한 아이는 더 이상 누구에게도 피해를 드러내려 하지 않으려 할 겁니다. 그늘 속에 던져진 아이는 비난하는 부모의 태도로 인해 더 짙은 어둠 속으로 내몰립니다.

중요한 것이 또 있습니다. 바로 '심정적 정당방위'입니다. 아이에게 맞지만 말고 너도 때려주라고, 혹은 어디 가서 맞지 말고 차라리 때리라고 가르치지 말기 바랍니다. 부모가 가르치는 '심정적 정당방위'는 대부분 법률적으로 정당방위에 해당하지 않습니다. 단지 피해를 겪은 아이에게 보복심리를 심어주는 것일 뿐이고 이것은 결코 올바른 가르침이 아닙니다. 정의롭지도 않습니다. 수천 년 전 함무라비의 전통에서 여전히 사로잡혀 있는 것이며, 문명이 발달했음에도 원시적 대응을 주문하는 것입니다.

폭력의 피해를 폭력으로 극복할 수는 없습니다. 폭력으로 얻을 수 있는 것은 없습니다. 만약 폭력으로 얻을 수 있는 것이 하나라도 있는 세상이면 그것은 오직 야만에서뿐입니다. 일시적으로 얻을 수 있는 것처럼 보여도 법의 촘촘함이 결국은 빼앗아 간 것을 돌려놓을 것입니다. 남자가 어디 가서 맞고 다니지 말라고 가르치는 것은 아이를 폭력배로 기르는 것과 같습니다.

아이에게 가르쳐야 할 것은 상황에 끌려다니지 않고 스스로 이 상황에서 벗어날 수 있도록 힘을 낼 수 있는 용기입니다. 그 용기에는 폭력의 현장에서 주위에 도움을 요청하는 것도 포함됩니다.

우리 아이가 피해를 겪었다면 '아이가 회복'하기 위해 중요한 것이 무엇인지를 '먼저' 생각하시고, '항상' 생각하시기 바랍니다. 상대를 처벌하는 것보다 내 아이를 회복시키는 것이 훨씬 중요합니다. 그리고 아이가 학교에서 겪고 있을 그 시선의 피해까지 생각해 본다면 내 아이의 회복을 위해 상대 아이가 책임지고 해야 할 일이 분명히 존재할 것입니다.

심각한 폭력의 피해를 우리 아이가 겪었거나 겪고 있다면 전담기구나 심의위원회의 심의 등을 거쳐 빠르게 보호를 받아야 합니다.

그런데 상대에 대해 분노의 감정을 조금 내려놓고 상대를 처벌하는 것은 언제든 가능하니 잠시 뒤로 물려놓는다면, 그리고 내 아이가 안전과 평화의 지대로 돌아오는 데 필요한 것이 상대의 자발적 책임과 학교의 적극적인 교육적 개입이라고 생각이 든다면, 그때는 학교장 자체해결제도나 시도교육청의 회복적 조정제도를 적극 검토하시길 바랍니다.

19.

행위당사자 편 : 아이가 학교폭력의 행위당사자가 되었을 때

[구체적 사과, 재발 방지 약속, 관계 회복에 대한 노력]

학교폭력에서는 피해자가 있으면 가해자가 있습니다. 분명하게 말할 수 있습니다. 우리 아이도 가해자가 될 수 있습니다.

하지만 아이를 처음 학교에 보내는 어떤 부모도 내 아이가 가해 행위를 하는 아이가 될 거라고 생각하지 않습니다. 부모인 우리가 그렇게 기르지 않았다고 생각하기 때문이지요. 아이의 학교생활은 부모인 우리가 어떤 방식으로 양육했는지를 보여주는 증거입니다. 때문에 내 아이가 가해자가 되는 것은 부모인 우리가 욕을 먹는 것과 같다고 받아들이기도 합니다. 다른 사람들이 '가정교육도 제대로 하지 못하는 엄마 아빠'로 생각하는 것을 우리는 참을 수 없습니다.

하지만 '내 아이, 나의 가정교육을 거친 착한 우리 아이는 결코 가해 행위를 하지 않을 거'라는 막연한 믿음은 실제로 가해 추정 학생으로 신고되었다고 학교로부터 연락을 받았을 때부터 심각하게 흔들립니다.

부모는 양가감정을 갖습니다.

외부적으로는 학교나 교육 시스템의 공격으로부터 우리 아이를 지켜야 하고, 내부적으로는 자신이 잘 기르지 못한 자책감으로 아이에 대해 원망하는 마음이나 분노가 치밀어 오릅니다.

이때 부모의 뇌리에는 이런 생각들이 지나갈 수 있습니다.

'설마, 우리 아이가? 뭔가 잘못됐겠지.'
'누군가 나쁜 친구에게 휩쓸려 애꿎은 우리 아이가 잘못 걸린 거 아닐까?'
'어디부터 잘못됐지?'
'신고만 했다고 우리 아이가 가해자가 되는 건가?'

일단 우리 아이가 학폭 가해 추정으로 접수됐다면 외부적 대응으로는 두 가지가 있습니다.

첫 번째는 가해 사실이 명백해서 어떻게든 피해자에게 사과를 하고 빠른 시간 내에 화해를 하고자 하는 방향입니다.

두 번째는 내 아이가 결백하다는 말을 믿고 내 아이를 지키기 위해 피해자에게 맞폭을 거는 등 반격과 역공을 취하는 방향입니다.

첫 번째, 내 아이가 가해 행위를 한 사실이 명확하다면 많은 부모들은 어떻게든 피해 학생이나 보호자의 연락처를 알아내고자 노력합니다. 알아내고는 연락을 취하고 만나서 사과를 하고자 하지요. '진정한 사과' 말입니다.

하지만 상대 부모 입장에서는 그렇지 않습니다. 자기 아이가 폭력의 피해를 겪었고, 이 문제가 어떻게 진행될지 당장 예측조차 못 하겠고, 화는 화대로 나는데, 가르쳐 준 적도 없는 내 번호를 어떻게 알아냈는지 난데없이 가해자의 부모라고 연락이 와서 다짜고짜 사과를 한다고 하니 그것을 쉽게 받아들이기 쉽지 않을 겁니다. 특히 전화번호 때문에 개인정보 누출 문제를 학교에 공식 항의할 수도 있습니다.

상대는 내가 하고자 하는 '진정한 사과'가 어떻게든 이 상황을 빨리 모면하려는 행위로 보일 겁니다. 말하자면 그 '진정성' 자체가 나의 조바심으로 의심을 받게 되는 것이지요.

그런데 내가 아무것도 하지 않고 상황이 전개되는 것을 기다리고만 있다면 상대는 또 이렇게 생각하거나 주변에 말하고 다닙니다. "도대체 잘못한 쪽에서 사과 한마디가 없어."

이러는 것도 아니고 저러는 것도 아니면 도대체 나는 어떻게 해야 할까요?

일단 가장 좋은 태도는 학교와 시스템을 믿는 것입니다.

어떻게든 상대 보호자의 전화번호를 알려고 하는 대신 내가 문제를 해결하기 위해 최선을 다하고 있다는 태도를 학교에 전달해야 합니다. 학교폭력 사안이 발생하면 학교는 사안을 조사하는 객관적 기구가 됩니다. 거기에 양 당사자의 의견을 수렴하는 창구이기도 하지요. 그리고 양 당사자의 입장을 상대에게 전달할 수 있는 다리 역할도 합니다.

내 아이의 잘못을 인정하고 사과하고자 하는 마음이 있다는 것을 학교에 전달하면 적어도 "사과 한마디가 없어"라는 반응이 나타날 가능성은 적어집니다.

그리고 사안이 진행되는 것을 기다려야 합니다. 전담기구가 열리고 심의위원회 개최 통보를 받고 그러다 보면 내 아이가 어떤 처벌을 받을지 걱정이 돼서 마냥 기다리는 것이 쉽지는 않겠지만 그래도 기다려야 합니다. 물론 내 아이가 잘못한 것이 명백한 경우의 일입니다. 다툼의 여지가 있을 때도 그러라는 것이 아닙니다.

기다림이 아무것도 안 하는 것을 의미하지는 않습니다.
학교폭력대책심의위원회가 조치 여부를 결정하는 5가지 기준이 있는데 고의성, 지속성, 심각성, 반성 정도, 화해 여부가 그것입니다. 심의위원은 이 기준에 0에서 4점까지의 점수를 매겨 합산의 형태로 조치를 결정합니다. 이 중에서 고의성, 지속성, 심각성에 대한 판단은 이미 내 아이가 벌인 과거의 일이므로 내가 어떻게 할 수 없는 부분입니다. 그렇지만 반성 정도와 화해 여부는 나와 내 아이가 노력할 수 있는 부분이지요.

만약 잘못한 저지른 내 아이가 반성하지 않고 있다면 그것은 어떤 조치를 받는가 여부보다 더 심각한 문제입니다. 잘못을 했는데 반성하지 않는 아이로 내 아이가 자라고 있다는 뜻이니까요. 당장 눈앞에 닥친 심의위보다 아이와 먼저 얘기를 나누는 것이 급선무입니다. 그렇다고 무조건적으로 아이를 비난하는 것이 능사는 아닙니다. 체벌로 다스리려고 해서도 안 됩니다. 자칫하면 이 일을 계기로 아이와 감정적으로 완전히 멀어질 수도 있기 때문입니다.

아이가 왜 그런 태도를 보이는지, 또는 어떤 감정을 갖고 있는지 찬찬히 들어주어야 합니다. 아이의 정서는 감싸주되, 책임을 가르치는 어른이 되어야 합니다. 아이의 감정은 들어주되 행동은 바로잡을 수 있는 지혜가 필요합니다. 결코 쉬운 일이 아닙니다. 잘못에도 반성을 하지 않는 아이는 내가 모르는 사이에 벌써 내 울타리를 벗어나 있는지도 모르기 때문입니다. 인내심을 가지고 노력해야 하는 순간입니다. 이 경우 선생님이나 회복적 조정 단계가 도움이 될 수 있습니다.

아이가 잘못을 인정하고 반성하고자 한다면 부모는 이제 상대에게 잘못을 구체적으로 인정하고 사과하는 것에 대해 얘기를 나누어야 합니다. 심의위원회 1호 조치인 서면사과는 형식적 사과입니다. 우리 아이가 해야 할 사과는 그런 형식적 사과가 아니어야 합니다. 잘못을 하나하나 인정하면서 그것이 상대 아이에게 어떤 영향을 미쳤는지를 깨닫고 앞으로의 약속까지 포괄하는 '구체적' 사과여야 합니다.

사과와 화해를 위한 노력은 부모인 내가 아니라 아이가 직접 해야 합니다. 잘못은 아이가 했는데 사과는 부모가 한다는 것만큼 형용모순이 없습니다. 응보적으로 사안을 바라보든, 회복적으로 바라보든 공통적으로 중요한 것은 바로 '자기책임 원칙'입니다. 아이에게 스스로 책임지는 것을 가르치는 것이 이번의 사안에서 가장 중요한 일입니다. 이 일에 비하면 아이가 어떤 조치를 받느냐 여부는 그저 곁가지입니다.

다음으로 내 아이가 학폭 가해 추정으로 접수됐을 때 두 번째 대응, 아이가 결백하다는 말을 믿고 내 아이를 지키기 위해 피해자에게 맞폭을 거는 등 반격과 역공을 취하는 방향입니다.

비용을 들여 법률 대리인인 변호사를 수임하든, 인맥을 동원해서 이 절차에서 압력을 보여줄 수 있는 방법을 모색하든 어떻게든 싸움을 이기기 위해 우리는 노력할 겁니다.

그런데 내가 이 싸움에 이기기 위해서는 아이가 말하는 전적으로 결백한 상황이 확실해야 할 텐데 아마도 다툼의 여지가 있을 것입니다. 명백한 결백이라면 상대가 먼저 학폭으로 신고를 했을 가능성이 크지 않기 때문입니다. 또한 객관성 있는 전담기구의 조사를 거쳐야 하기 때문이기도 합니다.

객관적 사실이 어땠는지 물론 중요하겠지만, 그것과 별도로 그 사실에 대한 해석의 문제로 인해 대부분 쉽게 끝나지 않는 싸움이 되고,

점점 이기기만을 위한 싸움이 될 겁니다. 그 과정에서 상처를 입고 돌이킬 수 없는 길을 가는 것은 바로 소중한 두 아이들입니다.

아이 역시도 이기기만을 위한 싸움의 한복판에서 배워야 할 가치와 순간을 놓쳐 버리고 심각한 상처의 경험을 안고 살아갈 것입니다. 그 상처는 영영 아이의 마음 깊은 곳에 숨어 드러나지 않고 성찰하지 않는 어른으로 자라거나, 혹은 일상을 지배하여 더 이상 평화로운 학교생활을 하지 못하게 만들어 버릴 수도 있습니다.

아이의 결백을 증명하기 위한 부모의 노력은 당연하겠지만 소위 법률 전문가가 그것을 대리해주는 데는 한계가 있습니다. 법률적 승리가 곧 실제를 의미하지는 않습니다. 그것은 법적 논리의 승리일 뿐입니다. 법률가들이 '실체적 진실이 밝혀졌다'라고 얘기하는 것도 따져보면 법 구조 안에서 우리 측의 법 논리가 좀 더 우월했다는 것을 뜻할 뿐입니다.

사회는 그것을 조직하는 수많은 시스템들이 있습니다. 자연이 진화하듯 모든 사회의 시스템도 변화하고 진화합니다. 소소한 변화들이 합쳐져 문명이 진보하기도 하고 퇴보하기도 합니다. 그리고 그 시스템들 중에 가장 나중에 변하는 것은 항상 법입니다.

우리 아이가 가장 나중에 변하는 법이 아니라 그 이전에 이미 가치가 변하는 상황의 한복판에서 성찰하고 성장하는 것이 훨씬 중요합니다.

우리가 법적인 승리를 얻었다고 하더라도 그것이 진짜 승리를 의미하는 것인지 돌아보아야 합니다. 그것으로 아이가 성장하지도 않습니다.

양 당사자 간 주장에 다툼이 있는 경우 법적인 절차를 진행하는 것은 당연한 사법적 권리이지만 그럼에도 아이들이 성장하는 것을 바란다면 교육청의 '회복적 조정'을 문의해보시기 바랍니다.

회복적 조정을 통해 갈등상황에서 아이들은 사실 여부의 쟁투보다 같은 사실에서도 서로 다른 해석이 가능하다는 것을 배웁니다. 나의 해석이 상대에게 어떻게 영향을 주었으며, 상대의 해석은 또 나에게 어떻게 분투시켰는지를 얘기 나누면서 상대를 이해할 수 있는 가능성을 높입니다. 아이들은 나의 회복만이 중요한 것이 아니라 상대의 회복도 중요하다는 것을 깨닫습니다. 이 과정을 통해 상대가 회복하는 것이 나의 학교생활도 더 평화로워지는 길이라는 것을 알게 된 아이들은 자연스럽게 서로를 위한 노력을 약속하고 수행할 것입니다.

Part 2

학교폭력 유형별 조정사례

Case 1.

집단 따돌림(괴롭힘) 사안

어느 날부턴지 가영이는 복도를 다닐 때면 불안하게 눈을 두리번거린다. 오늘도 가슴에는 가방을 꼭 껴안고 주춤거리며 걸음을 옮기는 품새가 쓰러질 듯 위태롭다. 가영이의 오른쪽으로 바짝 붙어선 복도의 벽이 없었다면 절벽 위에 놓인 외줄의 형장으로 바들거리며 걸어가는 죄수처럼도 보였다.

'드르륵'

얼른 지나치려던 교실 앞문이 열리면서 세 명의 아이들이 재잘거리며 뛰쳐나온다. 그네들은 가영이를 보고는 '어맛!' 하는 표정을 짓더니 이내 서로 팔짱을 끼고 휘적거린다. 복도는 4명이 동시에 지나가기에는 애매한 폭이었지만 셋은 아랑곳없고 팔짱을 풀 생각도 없었다. 가영이가 자기네 쪽으로 걸어오는 것을 보면서 가장 왼쪽에서 팔짱을 끼고 있던 현서가 비켜서는 대신 일부러 가영이 쪽으로 움직여 어깨를 툭 하고 밀어낸다. 가영이는 순간 벽 쪽으로 밀려났다.

뒤에서 그 모습을 가만히 쳐다보던 진아는 '벽이 없었다면 아마 낭떠러지 아래로 떨어졌을 거야'라는 생각이 문득 들었다.

현서 옆에 민정이가 날카롭게 말을 건넨다. "비좁은데 뭐야? 설마 저 X이 일부러 부딪친 거야? 현서야 괜찮아?" 묻기는 현서에게 묻는데 가영이를 향한 눈에는 웃음기가 가득하다.

"아이 씨, 뭐야? 재수 없게. 사과도 안 하네." 현서의 말에도 비릿한 웃음이 가득하다.

"뭐래? 니가 와서 부딪쳤잖아." 가영이가 있는 힘을 짜내어 반발한다. 소리는 공허하다.

그날 그 이후 마지막 친구 수민이도 가영이에게서 시선을 거두었다. 어제까지도 함께 얘기를 나눴는데, 점심시간 이후 민정이네 패거리에 수민이가 있었다. 가영이에 대해 걱정해 주고 위로해 주던 전날의 수민이가 그날 거기서 현서의 장난기에 활짝 웃으며 맞장구를 치고 있었다.

그 밤 가영이의 시간은 민정이네에 대한 미움보다 수민이에 대한 배신감으로 부들거리며 오열과 불면으로 채워졌다. '수민이만 있으면 돼'라던 연약하고 앙상한 위로는 복도에서의 '어깨빵' 하나로 손쉽게 똑똑 부러져 내렸다.

'후' 심호흡을 한다.

엄마는 교문에 도착하기 직전 건널목에 가영이를 내려주었다. 지금부터는 혼자만의 시간이다.

'괜찮아, 어제 실컷 연습했잖아.'

새벽녘에 선잠이 들기 전까지 가영이는 이 상황을 수십 번 시뮬레이션을 했다. 교문에 도착하고부터 교실에 자리에 앉을 때까지 거리, 소요시간, 행동, 시선 처리 등에 대해 디테일하게 반복적으로 되뇌다 잠이 들었다. 잠은 채 2시간을 자지 못했다.

눈에 핏발이 서 있는데 교문을 지나치는 순간 머릿속은 새하얘진다. 아무렇지도 않게 깔깔거리며 지나가는 모든 아이들이 가영이를 노려보는 것만 같다. 마음속의 연습은 하등 쓸모없게 되었다. 가영이는 교문을 지나 몇 발자국도 떼기 전에 냅다 교실을 향해 달리기 시작했다.

'아침부터 왜 저러지?' 바람처럼 지나가는 아이들 중에 있던 진아가 눈을 감다시피 하며 달리는 가영이를 본다. '어, 저러면 위험할 텐데' 생각을 하며 진아는 가영이의 뒷모습을 지긋이 눈에 담는다. 갑자기 출입문을 열고 나오는 선생님을 급히 피하느라 가영이는 필로티 기둥에 한 번 세게 부딪치고 주저앉았다.

'아팠겠다. 가서 도와줄까?' 진아는 잰걸음을 시작했지만, 일으켜 주려던 선생님의 손도 뿌리치고 가영이는 부리나케 건물 안으로 사라졌다.

급식도 거르고 가영이는 담임 선생님을 찾았다. 구글 검색창에 막 무언가를 입력하려던 선생님이 키보드에서 눈을 거두고 가영이의 얘기를 듣는다.

"힘들었겠구나. 잘 들었어. 얘기해 줘서 고맙고. 내가 이따가 좀 더 알아보도록 할게."

말하기까지는 용기가 필요했지만 희망이 다시 생기는 듯했다.

담임 선생님이 종례시간에 특별히 진지한 얼굴로 큼큼거리며 말을 시작한다.

"2학년 2반!, 친구끼리 잘 지내야지, 안 그래? 우리 반에서 따돌림 같은 거 있다는 얘기 안 들리게 노력하자, 알았지? 대답해!"

"네~!"

반 아이들의 빠르고 우렁찬 대답이 2반 복도 창문을 화사하게 넘나들었다.

아이들의 대답에 확신을 얻은 담임 선생님이 문을 나가기 전에 슬쩍 가영이 쪽으로 눈을 준다. '내가 단단히 주의 줬으니 앞으로 그럴 일 없을 거야. 이 정도면 됐지?'라는 마음을 건네고 싶었지만, 애석하게도 가영이는 고개를 숙이고만 있다. 담임은 서운한 마음을 가지고 교무실로 돌아갔다.

다음 날 가영이는 학교에 나오지 않았다.

부모 입장에서 학교폭력의 여러 유형 중에서도 아이가 따돌림이나 괴롭힘을 당한다는 것을 가장 힘들어합니다. 다른 친구 한 명과의 갈등이 아니라 내 아이가 주변 모든 아이와 대립해서 서 있다는 것을 받아들여야 하고, 때로는 우리 아이에게 문제가 있지는 않은가 라는 자책과 같은 감정이 크게 일어나기 때문입니다.

그런 이유로 이성적인 대응 대신 감정적인 대응을 가장 많이 하는 유형 역시 따돌림입니다. 하지만 다른 유형에서 감정적으로 대응하는 것과는 달리 이 사안의 대응에는 절박함이 담겨 있습니다. 부모의 분노 역시 도와 달라는 호소를 감추고 있습니다.

상황이 사례와 같이 진행된 것을 알게 된 부모는 학교에 대해, 담임 교사에 대해 정중함을 지니기 힘들어집니다. 도와 달라는 아이의 요청을 오히려 가학적으로 대응했다며, 막말을 퍼붓거나 교사도 신고하겠다고 분노할 수도 있습니다. 다른 어떤 사안보다도 따돌림을 겪고 있는 피해자의 부모는 더 자주 학교를 방문하고, 더 많이 교사에 화내고, 더 확실하게 교장 선생님 등에게 대책을 요구합니다. 요구 사항의 거의 대부분은 관련자 아이들을 모두 강력하게 처벌하는 것입니다.

하지만 학교와 교육 당국은 관련자 아이들을 모두 처벌하라는 요구

만큼 난감한 것이 없습니다. 일단 객관적 사실을 확정하기도 쉽지 않을뿐더러, 책임의 경중 판단 없이 일괄적으로 조치를 내리는 것은 반대로 집단적인 반발을 불러올 수 있기 때문입니다.

하지만 기대야 하고 신뢰해야 할 곳은 학교입니다. 사안의 심각성을 인지한 학교가 가장 적극적이고 교육적으로 문제를 고민하고 해결하기 위해서 노력할 것이기 때문입니다. 따돌림 사안에서 학교와 보조를 맞추고 공감하는 시간을 마련하지 않으면 많은 경우 결국 피해학생이 전학을 가는 것으로 사안이 마무리되어 버립니다.

행위를 한 친구들도 아무것도 배우지 못하고 반성하지 못하며, 피해를 겪은 아이도 회복을 경험하지 못하고 평생의 트라우마로 안고 살아가야 할 수도 있습니다.

가영이의 사례처럼 학폭 신고를 민정이네가 아닌 마지막 친구 수민이를 대상으로 하는 경우도 많습니다. 당장 가영이를 가장 힘들게 한 존재가 수민이이기 때문입니다. 수민이에게 행위성이 집중되면 학교도 부모님도 가영이의 힘든 시간을 파악하기 쉽지 않습니다. 그건 가영이에게도 마찬가지입니다. 본질적인 측면이 가려진 문제는 약자들 간의 생채기로 드러나고 회복은 불가능해집니다. 하지만 어쩔 수 없습니다. 심의위원회는 법적인 절차이고 형식적인 절차이기 때문입니다. 판사가 검사의 기소 내용 안에서 판단하게 되는 일반 사법체계에서도 마찬가지로 형식적으로 적시된 이상의 해결책을 심의위원회나 또는 그 이후의 과정에 기대할 수는 없습니다.

이러한 상황에서 학부모의 현명한 접근이라는 것이 쉽진 않겠지만 다음을 알아 두시면 좋을 것 같습니다.

1. 학부모의 감정적 대응이 이성을 압도할 수 있을 가능성에 대해서 인지하고 부모는 그러한 존재라는 것을 학교는 이해할 필요가 있습니다.
2. 감정적으로만 대응하는 것은 가영이의 진짜 욕구나 바람, 두려웠을 마음에 집중하는 것에 방해요인이 될 수 있으며, 가영이의 피해의 본질에 다가서지 못할 수 있습니다.
3. 혹여 친했던 수민이에 대한 배신감이 두드러진다면 수민이가 왜 무리 옆을 선택했는지 집단화현상에 대한 이해가 필요합니다.
4. 선생님들께서는 따돌림이 집단주의를 드러낸다는 점에서 아이들이 왜 집단을 선택하는지, 집단에서 벗어나는 것이 어떤 두려움을 주는지에 대한 철학적인 접근, 전체주의에 대한 역사를 주지시켜 주는 것도 고려해 볼 만할 것입니다.
5. 피해자가 가영이로 특정되었을 때 가영이에 대한 안전한 보호가 제대로 이루어졌는지에 대해서도 알아보아야 합니다.
6. 침묵을 선택한 아이들에게도 분명한 배움이 필요합니다. '누구나 피해자'가 될 수 있고 '누구나 행위자'가 될 수 있음을 교육시켜야 합니다. 따돌림은 마치 수건돌리기와 같아서 누군가의 소외가 끝나면 곧바로 다른 누군가의 소외로 이루어지는 경우가 많습니다. 이런 점에서 따돌림이 발생한 교실은 잠재적 피해자

들이 존재하는 교실이 됩니다.
7. 친구라는 존재 속의 복잡한 역학관계를 찬찬히 따져봐야 할 수 있습니다.
8. 학교는 그동안 가영이가 겪었을 피해가 무엇인지 냉정하게 찾아야 하며, 추가적인 피해, 또 다른 피해 학생의 등장 등을 막기 위한 대책을 마련해야 합니다.
9. 진짜 피해의 회복과 가영이의 안전한 교실로의 복귀를 위해 교육청에 회복적 조정을 의뢰하는 것도 중요한 회복의 계기가 될 수 있습니다.

Case 2.

아동에 대한 학부모 문제

"**너**, 똑바로 말 못 해!"

 버럭 내지르는 소리에 민지는 비로소 모호함에서 되돌아왔다. 지금 서 있는 곳이 영은이네 아파트 현관이며, 자기에게 욕설을 퍼붓는 이도 영은이 엄마였다. 어안이 벙벙하다.
 조금 전까지 민지는 수정이랑 영은이와 놀이터에서 함께 놀고 있었다. 그러다 수정이가 따로 할 얘기가 있다고 하길래 놀이터 한 켠에서 따로 얘기를 나누고 왔더니 영은이가 사라져 있었다. 집에 갔나 보다 하고 둘이서 조금 더 뭉그적거리다가 민지도 집에 가려고 주섬거렸는데, 갑자기 놀이터에 영은이 엄마가 나타나서는 여기 집에까지 데리고 온 것이었다.

"너, 우리 영은이 따돌렸어, 안 했어?"

와락 무서워진 민지는 그래도 뭐라도 얘기해야 할 것 같아 용기를 짜냈다.

"그게 아니라, 그냥 수정이랑 얘기 좀 할 게 있어서······."

영은이 엄마는 민지의 희미해지는 말의 꼬리를 싹둑 자르고 또 내지른다.

"어린 것이 말대답하는 거 보게. 그동안 내가 얼마나 챙겨줬는데. 넌 안 되겠다. 혼 좀 나야겠어."

가 보겠다는 인사를 했는지 안 했는지, 민지는 산발한 정신을 겨우 붙잡고 집으로 돌아왔다. 엄마에게는 따로 얘기를 하지 않으리라 생각했다.

'아무 일도 없겠지, 뭐.'

다음 날, 아침부터 학생부실에 불려간 민지는 학교폭력 가해자로 신고됐다는 얘기를 들었다. 수정이와 둘이서 영은이를 따돌렸다는 것이 이유였고, 그 이전에도 몇 차례 비슷한 일들이 있었다고 영은이가 말했다고 했다.

그 이전에 도대체 어떤 일이 있었는지조차 기억이 전혀 없었던 민지는 왜 수정이와 함께가 아니라 본인만 신고를 당했는지 이해가 가지 않았다.

엄마에게 특별히 설명하지도 않았고, 놀란 엄마는 그저 민지를 달

래주기만 했다.

 그렇게 심의위원회가 열렸고 민지는 서면사과와 교내봉사 조치를 받았다.

 문제는 그다음부터였다. 서면사과가 성에 차지 않았던 영은이 엄마, 아빠가 학교를 뒤흔들어 놓기 시작했다. 담임 선생님에게 '민지보고 영은이 챙기라고 하라'며 강요문자를 보냈고, 교사를 상대로 한 말이라고는 할 수 없는 인신공격을 서슴지 않았으며, 교장실에서 교감 선생님의 멱살을 잡으려 달려들기도 했다. 한 번은 경찰을 데리고 와 흔들어 놨고, 학교에서 요청한 경찰이 합석해 있으면 또 그 경찰에게 으름장을 놓기도 했다.

 그렇게 2주일 동안 학교는 매일같이 뒤집어졌다.

 "아버님, 심의위 조치가 내려졌는데 도대체 어떤 걸 원하시는 겁니까?"

 교장 선생님이 묻자,

 "이따위 서면사과가 뭐! 우리 딸이 당한 거 생각하면 아주 갈아 먹어버려도 시원찮을 판에…… 민지란 X이 공개사과 정도를 해야 직성이 풀리겠소."

 영은이 아빠가 이를 갈듯이 대답했다.

 "공개사과를 하면 더 문제 삼지 않고 마무리하신다는 말씀이십니까?"

학생부장 선생님이 묻자,

"까짓것, 그렇게 하겠소."

아빠가 대답했다.

그날 저녁 학생부장 선생님이 민지 엄마에게 전화를 했고, 심의위 결과에 맞춰 이행을 해도 이 지옥이 끝날 것 같지 않다는 걸 직감한 엄마가 고개를 끄덕였다.

다음 날 엄마는 민지와 학교에 갔고, 학생부장과 담임 선생님이 함께 움직였다.

2학년 1반부터 8반까지 한 개 반도 빠뜨리지 않고 교탁에 엄마와 민지가 섰다.

겁에 질린 민지는 사과를 했고 엄마는 울었다.

교실 뒤에서 지켜보던 영은이 아빠는 잘 안 들린다며 수번을 '다시!'를 외쳤다.

그때마다 민지는 새롭게 사과를 했고 그때마다 엄마는 울었다.

영은이 아빠 옆에는 학생부장 선생님과 담임 선생님이 증언자처럼 서 있었다.

그렇게 고통스런 하루가 겨우 지났다. 하지만 끝난 것은 아니었다. 민지가 교내봉사로 급식 봉사를 하고 있을 때 친구가 함께 해줬다며, 그리고 반성하지 않고 웃으면서 급식을 했다며 영은이가 다시 엄마에게 얘기했고 다시 절대로 끝날 것 같지 않은 전쟁이 시작됐다.

민지는 선생님께 불려가 급식 봉사할 때 좀 더 진지하게 하지 그랬냐며 타박을 들었다.

그날 밤 민지는 침대 위에 앉아 14층 창밖으로 떨어지면 좋겠다는 생각이 들었다.

영은이 부모님 같은 분을 학폭사안으로 만나게 되면 그야말로 지옥문이 열리게 됩니다. 하지만 정도의 차이가 있지만 비슷한 사례가 아주 없는 것도 아닙니다. 이 사안은 거의 극한 사례일 뿐이지요. 사례를 읽어보면 가장 이해가 되지 않는 것은 아마 학교의 대응일 겁니다. 저 정도면 학교가 나서서 민지에 대해 가해 행위를 한 것은 아닌가 싶어집니다. 사실 그렇게 볼 여지가 충분합니다. 학교는 어떤 일이 있어도 아이들을 보호했어야 했습니다. 민지도 보호해야 하고 영은이도 보호해야 했습니다. 그런데 결과적으로 학교의 대응은 영은이도 보호하지 못했습니다. 이러한 과정에서 영은이가 가져간 메시지는 무엇이었겠습니까? 그리고 이 사안에서 학교도 그것을 원칙적으로는 알고 있었습니다.

그런데 사실 보호자가 사례처럼 나오게 되면 학교가 대응할 수 있는 것은 많지 않습니다. 기계적인 균형을 취하거나 아무것도 하지 않게 됩니다. 하지만 아무것도 하지 않는 학교를 영은이 아빠가 가만 놔두지 않습니다. 보호자는 학교를 상대로 가해 행위를 하기 시작했고, 학교는 전형적인 피해자의 반응을 보여주었습니다.
'위험에 대한 회피'와 '강요에 대한 순응' 등이 그것이죠.

학교를 피해자로 본다면 이해가 전혀 안 가는 것도 아닙니다. 담임 선생님에게 보낸 욕설과 비난이 섞인 문자, 녹음된 통화에서 들리던 살벌한 협박 등을 조정위원도 직접 확인을 했는데 아마 선생님들도 두려웠을 겁니다. 그래서 인간적으로 생각해 보면 선생님의 당시 대응은 일견 이해도 갑니다. 젊은 남자 담임 선생님께서는 조정위원을 만나서 교직에 대한 회의가 들고 그만둘 생각을 하고 있다고 눈물을 흘렸습니다.

그러나 교사가 인간이므로 인간적인 대응을 할 수 있다는 것과 학교가 이런 대응을 할 수 있다는 것이 자연스럽게 연결되어서는 안 됩니다. 학교는 단순한 교사들의 집합체가 아닙니다. 학교는 시스템이고 시스템에 근거하여 움직여야 합니다. 개별 교사들의 대응의 합이 학교의 대응이 되는 것이 아닙니다. 준비된 시스템에 맞춰 학교의 구성원이 매뉴얼에 맞게 대응했어야 합니다.

회복조정을 마치고도 영은이는 민지에 대한 집착을 내려놓지 않았습니다. 서로가 지켜야 할 약속을 했음에도 영은이는 그것에 대해 생각하려 하지 않고, 또다시 이전과 같은 행동을 반복하려 했습니다. 조정자는 이 문제의 해결책은 영은이가 쥐고 있지 않다고 판단했습니다. 영은이가 상대에 대한 이해를 하려 하지 않는 상태에서 조정하는 것은 회복적 조정이 아니라 형식적 조정일 뿐이었습니다. 일단 민지와 영은이의 조정이 끝나고 영은이 부모와의 진짜 조정이 시작됐습니다.

조정위원을 향해서도 서슬을 드러내던 아빠와, 조정을 거치면서 문제의 심각성을 깨달은 엄마 사이에서 조정자는 끊임없이 대화를 주고받았습니다. 어떤 때는 도교육청 고문 변호사까지 대동하여 함께 어른들이 노력할 것에 대해 논의했습니다.

아빠는 학교의 여타 다른 선생님들에게 했던 행동처럼은 아니었지만 끊임없이 위협성 발언을 하기도 했습니다.

"아버님, 어머님, 누구를 처벌하자는 얘기 말고 그럼 진짜 바라는 것, 또는 걱정되는 것은 무엇인가요?"

영은이의 엄마와 아빠가 가장 바란 것은 주위의 모든 사람들을 힘들게 하고자 한 것이 아니었습니다. 다른 보호자와 마찬가지로 영은이가 행복하게 학교를 다니게 해 주고 싶었던 욕망이었습니다. 하지만 그 욕망이 너무 강렬해서 다른 모든 존재를 파괴하는 방식으로 대응했던 것이라고 보호자는 인정했습니다. 그런데 알면서도 잘 바뀌지 않는다고도 말했지요. 보호자의 그 강렬한 욕망이 영은이에게 잘못된 용기와 권력을 쥐여준 것이었습니다.

그렇다면 이 조정의 결말은 어땠을까요?

문제의 심각성을 인지한 엄마가 먼저 조정위원에게 해결방법을 물어보았고, 조정자는 2학년 학생 전체가 영은이와 영은이 부모님의 대응, 그리고 학교의 대응에 분노하고 있는 상황에서 지금 다니는 학교에서 안전해질 수 있는 방법이 많지 않다고 했습니다. 엄마와 조정자는 꽤 오랜 논의 끝에 영은이가 전학 가는 것이 가장 안전한 방법이라고 결론 내렸고, '피해자가 전학 가는 것이 어디 있느냐?'며 거부하던 아빠 역시 종내에는 마지못해 동의했습니다.

모든 조정이 다 "싸웠던 친구들끼리 모두 화해를 했고 이후로는 더 이상 싸우지 않고 친한 친구 사이로 행복하게 지냈습니다"라는 동화적 결말을 갖고 있는 것은 아닙니다. 때로는 이 사안처럼 심의위나 학교에서 하지 않으려 했던 분리방식을 적극적으로 권유할 수도 있습니다. 그러니까 이미 관계가 완전히 파괴되어 버린 아이들 사이를 다시 억지로 이어붙이는 것이 회복적 조정이 아니라는 것이지요.

회복적 조정의 목적은 '사이좋게 지내는 것'이 아니라 '회복하는 것', '안전해지는 것' 이것을 통해 '행복해지는 것'입니다.

영은이가 전학가고 난 후 조정자가 민지를 만났을 때 초코라떼를 앞에 둔 민지가 처음으로 가벼운 미소를 지었던 것이 이 조정의 진짜 결말이었습니다.

Case 3.

신체 폭행(집단) 사안

〈눈에 걸리지 마라……〉

카톡 메시지가 떴다. 영지 언니다.

손이 덜덜거려 잠금화면을 열 엄두가 나지 않는다.

지난번 메가박스 옆 골목에서 백란고, 우련고 친구들을 무릎 꿇리고 난다 긴다 하던 애들을 털어버리던 영지 언니다. 눈으로 한 번 훑기만 해도 매번 효주의 심장이 오그라들었다.

효주는 그날부터 밤에 집 밖에 나가는 것을 포기했다.

"너 이러다 유급당한다."

담임의 이런 전화를 받고 나서야 겨우 등교를 하곤 했다.

효주가 집에서 하는 일이라곤 이불을 뒤집어쓰고 유튜브를 보거나 친구들 인스타를 들락거리는 정도였다.

〈뭐 해?〉

예서가 톡을 보냈다.

〈그냥 뒹굴뒹굴......〉

그나마 효주의 사정을 이해하고 이것저것 전달해 주던 예서였다.

〈오늘 안 볼래?〉

영지 언니가 어쨌다는 둥, 그래서 오늘은 어느 동네에 가지 말라는 둥 효주를 걱정해 주던 예서가 평소와 달리 갑자기 보자고 한다.

〈왜?〉

불안감이 그 한 글자에 배어 있지는 않을까 걱정하면서 효주가 다시 물었다.

〈니 생일이잖아.〉

아, 생일이었나......

새삼 고마웠다.

〈근데 어디서 만나? 나 나가기가 좀 그런데〉

〈걱정 마, 다 준비해 뒀지. 안전하게〉

시내를 나가기 두렵다고 한 효주를 위해 예서가 함께 하겠다며 집으로 왔다.

"우리 아파트 놀이터에서 현지랑 예은이도 만나기로 했어."

그런 예서가 너무 고마웠던 효주가 용기를 냈다.

모자를 눌러쓰고 예서와 길을 나섰다. 놀이터에 도착하니 함께 하기로 했던 친구들 2명이 인사를 한다. 오랜만에 만나는 거라 조금 멋쩍어 보인다.

그때 엄마에게서 전화가 왔다.

"어디야?"

반가워하며 현지와 예은이가 전화를 하는 효주의 양 옆에서 팔짱을 꼈다.

"응, 오늘 예서가 생파해 준대서 놀다가 갈게."

맨날 집에서 있던 예서가 친구들 만난다니 오히려 엄마가 더 반가워한다.

"웬일이래? 재밌게 놀다가 와. 이따가……"

모처럼 밝은 엄마 목소리의 끝이 들리지 않았다.

놀이터 옆 건물 기둥 옆에서 영지 언니가 나타났다.

엄마가 뭐라 말하는 것 같은데 들리지 않는다.

영지가 오른쪽 검지손가락으로 왼손바닥을 누르며 전화를 끊으라는 신호를 보낸다.

도망치고 싶지만 발이 말을 듣지 않는다.

옆에서 팔짱을 낀 현지와 예은이의 손아귀에 힘이 들어가는 것이 느껴졌다.

"따라와라."

낮은 쇳소리로 영지가 말했다.

현지와 예은이가 효주를 끌어댄다. 예서는 뒤에서 속도를 맞추며 따라온다.

지하 주차장까지 내려가니 언니들 7, 8명, 몇 번 보기도 했던 남자 선배들 3명도 있었다.

가던 길에 본능적으로 CCTV 위치를 확인한 효주가 가장 두려워했던 장소였다.

CCTV가 비치지 않는, 벽이 꺾여 생긴 움푹한 공간이었다.

"이 씨XX이"

허벅지 쪽을 영지가 툭 차자 효주의 무릎이 꺾였고 바닥에 풀썩 주저앉았다.

영지의 눈짓에 현지, 예은이가 황급히 그 자리를 떴다.

쓰러진 효주 위로 무수한 발길질이 쏟아졌다.

"니가 날 뭘로 보고 …… 니네 에미가 ……"

아랫배의 통증이 심했고, 생각이 이어지지 않았다.

지켜만 보던 경수 오빠가 물었던 담뱃불을 툭 던지며 말했다.

"야, 이러다 죽을지 몰라. 난 공범 되기 싫다. 난 간다."

"야, 너도 해."

영지가 예서에게 자리를 비켜주고 예서가 주저하지 않고 효주의 뺨을 쳤다.

갑자기 영지가 효주를 일으켜 세우더니 불빛 밝은 곳으로 데리고 갔다.

비로소 CCTV에 영지와 효주가 담겼다.

영지가 효주의 두 손을 자기의 목덜미에 가져다 댄다.

CCTV에는 효주가 영지의 멱살을 잡는 것으로 담길 것이다.

"야, 너도 나 한 대 때려."

경찰서에서 모두들 예서가 꾸민 일이라고 했고, 예서 역시 자기 혼자 주도했다고 자백했다.

경찰이 맞냐고 확인을 하자 효주 역시 끄덕였다.

경찰서에서 나오면서 예서가 말했다.

"너 경수 오빠한테 꼬리치지 마라, 걸X같이. 영지 언니 전남친이었잖아. 미친 X이."

물리적 폭력은 신체의 완전성을 훼손하는 행위입니다. 나의 신체도 함부로 훼손할 수 없는데 타인의 신체를 함부로 침범하는 것이지요.

신체 폭행을 당한 당사자는 단순한 고통만을 기억하지 않습니다. 당시의 상황, 그곳에 함께 있었던 다른 존재들, 심지어 놀이터에 놓여 있던 그네까지도 깊게 각인되어 여전한 두려움으로 존재하고 있을 수도 있습니다. 효주는 그날 현지와 예은이가 앉아서 끄덕거리던 그네의 흔들림을 두려움의 시작으로 기억하고 있었습니다.

 조정자나 심의위원은 피해 학생이 상대(들)에 대해서 갖고 있는 당시와 현재의 감정 등을 확인함으로써 피해자가 이 문제를 극복할 수 있는지를 확인할 필요가 있습니다. 더불어 폭행을 당한 장소에 대해서도 고려해야 하는데, 교실이나 늘상 다니는 복도, 학교 화장실 등에서 폭행이 이루어졌다면 그 공간은 피해자에게 상당 기간 강한 감정을 불러올 수 있다는 점을 주목해야 합니다. 이 공간에 대한 감정은 단순히 전치 몇 주로는 판단될 수 없습니다.
 아이는 학교 교문을 들어설 때부터 공포를 느끼기 시작할 겁니다. 교실 문을 열려는 순간 심박수는 최대치로 오를 것이며 교실 문에서 자기 자리까지 걸어가는 그 길이 늪과 같을 겁니다. 그 공간의 트라우마는 쉽게 극복되는 것이 아닙니다. 심의위원회의 조치로는 언감생심 해결은 꿈도 꿀 수 없습니다. 응보가 회복으로 연결될 가능성은 그리 높지 않습니다.

 타인의 신체를 폭행함으로써 신체적 완전성을 훼손한 학생은 그 자체만으로 그 타인에게 위계상 높은 위치에 있을 가능성이 있습니다. 행위 학생이 자신의 행위에 대해 진지하게 돌아보지 못한다면, 물리력의 사용을 통해 타인을 지배할 수 있다는 바람직하지 않은 사고에 익숙해질 수도 있습니다. 아이가 이런 성장을 해서는 안 됩니다.
 신체 폭행 가해 학생이 무언가를 깨달아야 하는 것 중에 가장 중요한 것은 피해 학생의 고통과 두려움이긴 하지만, 스스로가 폭력의 행사를 통해 타인을 지배할 수도 있다는 것을 인식하는 것 역시도 못지않은 깨달음의 가치를 갖습니다.

그렇기 때문에 효주가 현재 어떤 상황인지, 그리고 그것은 나에게 어떤 감정을 불러일으키는지를 확인해야 할 필요가 있습니다. 또한 그 이후에 폭력이 발생했던 그 공간이 피해자에게 어떤 의미인지도 생각하게 해야 합니다.

물리력을 행사한다는 것이, 그 당시에 일회적인 사건이 아니라 현재도 지속적으로 피해자에게 부정적인 영향을 미칠 수도 있다는 것도 깨달아야 합니다. 폭력의 진행성은 대부분의 폭력의 행위자가 간과하는 것이지만 아이들이 성장을 위해서 반드시 배워야 합니다.

사례의 조정 사안에서 효주는 가출을 했습니다.

그리고 엄마에게 전화를 걸어 자퇴를 하겠다고 통보했습니다. 효주는 어차피 언니들 때문에 학교를 다니는 것이 불가능하다고 했습니다.

평소 효주가 학교를 열심히 다니지도 않았고 자꾸 문제아들과 어울려 다니는 것을 못마땅했던 엄마는 그다지 말리지도 않았습니다. 엄마는 예비 조정 자리에 나와서도 심드렁했습니다. 심각한 폭력의 피해와 두려움의 감정을 가지는 딸을 이미 포기해 버리는 듯한 인상을 보였습니다. 조정위원은 엄마의 이런 태도를 강하게 질책했습니다.

기다릴 테니 효주에게 몇 번이고 전화하고 어떻게든 찾아오라고 당부했습니다. 추가적으로 조정위원은 직접 담당 경찰관과 통화를 하면서 효주가 현재 어디에 있는지 파악을 하기 위해 할 수 있는 모든 조치를 취했습니다.

본조정은 시작되었고 집단 폭행을 한 모든 학생들이 와서 대기하고 있는데, 효주는 끝내 본조정 자리에 나오지 않았습니다. 그날 아침까지 엄마와 담당 경찰관이 계속해서 수배를 했고, 어디에 있는지까지 확인을 했지만 엄마는 효주를 데려오지 못했습니다. 각자의 시간이 달랐기 때문이었습니다.

조정자는 효주 대신 엄마를 피해자 자리에 앉혔습니다. 효주가 들어야 할 모든 사과의 메시지와 재발 방지의 약속을 효주 대신 엄마가 들었습니다. 아이들은 효주에게도, 효주의 엄마에게도 열과 성을 다해 구체적으로 사과를 했습니다. 헤어진 남친에게 말을 걸었다고 이 일을 벌인 영지는 자신의 분노의 칼끝이 효주에게 가선 안 된다는 것을 인정했습니다. 오히려 효주에게 농을 건 듯한 경수에게 화를 냈어야 했다고 했습니다. 조정자는 그것도 틀렸다고 다시 바로잡아 주었습니다.

이미 헤어진 남자친구가 어떤 인간관계를 새롭게 만들어가든 그건 영지가 관여할 권리가 없다는 것을 반드시 깨달아야 했고 영지는 그것을 받아들였습니다.

아이들의 사과를 받은 엄마는 끝내 울음을 터뜨렸습니다. 아이들이 학교로 돌아올 효주를 위해 학교에서 할 수 있는 바를 하겠다고 약속하며 두려워하지 않도록 먼저 상냥하게 다가가도록 노력하겠다는 말을 들으며 엄마는 이제야 안심이 된다며 고맙다고도 했습니다.

합의문의 서명은 효주 대신 엄마가 했고 엄마는 그날 저녁 효주를 찾아가 합의문을 펴놓고 같이 읽으며 긴 대화를 나누었습니다.

그리고 그다음 주 효주는 다시 학교로 돌아왔습니다.

○○님을 초대하셨습니다.

○○님이 방을 나갔습니다.

Case 4.

사이버폭력 사안

카톡, 카톡, 카톡……

폰이 쉴 새 없이 카톡거린다.

은찬이는 가만히 저절로 올라가는 화면만 바라보았다.

이모티콘과 아바타들이 화면을 빠르게 채워나갔다.

며칠 전 태권도학원에서 민철이와 대련을 하고 난 직후부터였다.

그때부터 며칠째 9시만 되면 카톡 폭탄이 터진다.

빠져나가도 방을 만들고 초대를 하고 폭탄 투하를 한다.

민철이가 손절하자고 한 이후부터다.

〈너 원래부터 재수없었어〉

〈잘난 척은, 쥐뿔도 없으면서〉

물론 은찬이가 민철이에게 몇 번 실수를 하긴 했다.

자기가 태권도 단이 더 높다고 좀 으스대기도 했고, 공부를 좀 못하는 민철이 앞에서 잘난 체를 한 적도 있었다.

'다른 친구들한테는 그런 적이 없는데……'

그러는 와중에도 톡은 계속 올라왔다.

민철이는 찬호에게 전화를 했다.

"야, 니가 욕 좀 한대매?"

"어, 왜?"

"이따 내가 초대할 테니까 들어와서 욕 좀 박아줄래?"

"누군데?"

"은찬이라고 있어. 알 필요는 없고."

"알았어. 내가 가서 좌악 훑어줄게."

찬호는 평소 학교에서도 욕을 잘하기로 소문이 나 있었다.

아직 3학년이었지만 찬호가 욕을 쓰기 시작하면 6학년 형들도 몸서리를 치며 뒷걸음질을 할 정도였다. 가끔 찬호는 이렇게 아무도 모르는 방에 초대되는 경우가 있었다.

〈김민철 님이 이찬호 님을 초대했습니다.〉

〈반갑습니다. 이제부터 욕을 좀 해 보도록 하겠습니다용〉

〈일단 패드립이 전공이라, 패드립부터. ㅇㅋ?〉

은찬이가 생전 들어보지 못했던 말들이 소스라치게 올라간다.
무슨 뜻인지도 모르겠는데, 등골이 서늘하다.
읽고 있는데, 글자가 눈을 찌르고 들어온다.
옆에서 화면이 올라가는 것을 함께 보고 있던 엄마도 덜덜거린다.

"어떻게…. 이제 3학년이…. 아니 어떻게…."

스마트폰, 새로운 산업혁명의 시기에 학생들은 오프라인보다 온라인에서 소통하는 것이 더 자연스러워졌습니다. 코로나 상황은 이런 경향을 더욱 심화시켰으며 수업받는 것을 포함한 모든 일상이 온라인을 통해 이루어질 수 있다는 것을 확인한 세대가 지금의 학생들입니다.

카톡을 통해 단체로 대화하고 인스타그램에 일상의 모습들을 올리고 페이스북을 통해 메시지를 주고받으며 디스코드에서 실시간 대화와 게임을 하는 것들이 너무도 자연스러워진 세대에게 상대에 대한 존중과 적절하고 평화로운 의사소통을 기대하기가 더 어려워진 것도 사실입니다.

학생들에게는 자신이 지금 얘기하는 상대방이 그저 카톡 대화의 글들의 나열로만 인식되고 있기 때문에 상처 주는 말들은 더 잔혹하게 이루어집니다.

사이버폭력을 당한 피해자는 이중, 삼중의 고통을 겪습니다. 단톡방에서 일방적인 글의 린치를 당하는 순간의 고통, 이후 같은 공간에서 마주쳐야 하는 두려움, 학폭 사안 접수가 됐다면 화면을 캡처하고 두 번 세 번 읽어야 하는 잔인한 과정들을 반복하게 됩니다.

조정자는 사이버폭력의 피해자에게 이런 온/오프라인 모두에서 겪고 있을지 모르는 두려움과 염려에 대해 물어야 합니다.

단톡방에서 아이들은 쉽게 동질감을 느낍니다. 누군가 이모티콘이라도 하나 장난스럽게 올리고 거기에 장단 맞춰 다른 친구들이 우르르 따라 하다 보면 아주 짧은 시간에 메시지 폭탄이 됩니다. 다른 친구들이 쓴 욕설 등을 보며 자신도 써도 될 것 같은 용기를 얻기도 합니다. 학생들은 자신이 속한 단톡방의 메시지가 밖으로 새어나갈 수도 있을 거라는 가능성을 그리 높게 보지 않는 듯합니다. 실상은 생각보다 쉽게 드러나는데도 자신이 속한 집단의 의리를 맹신하는 경향성을 보입니다.

이처럼 피해자의 피해는 상당한데, 자신들의 행위는 작아 보이는 전형적인 유형이 사이버폭력입니다. 보호자나 어른들의 시선 역시 '요즘 애들, 쯧쯧' 뭐 이런 시선으로 바라보면서도 어쩔 수 없는 현상 정도로 치부하기도 합니다. 행위 학생들은 피해 학생의 인스타그램을 파고 들어가 '힘들다면서 잘만 놀러 다니는 것 같다. 웃으면서 찍은 사진들도 많다'면서 피해자가 고통받았다는 것을 끊임없이 의심하려

들기도 합니다.

 이런 상황에서 심의위원회의 조치는 경미하고 행위 학생들의 반성 정도는 미약하다면 피해자의 고통은 마무리되지 못하고 '고통의 끝' 대신에 '고통의 지속'이 확실해집니다.

 사이버폭력 행위자들에게는 자신이 썼던 글이 어떤 것을 의미하고 무엇을 의도했는지, 다른 친구의 글은 또 어떻게 읽힐 수 있는지 물어봐야 합니다. 그리고 자신들의 행위가 상대에게 어떤 영향을 미쳤고 현재도 어떤 영향을 미치고 있는지를 확인해야 합니다.

 '디지털 발자국'이란 말이 있습니다. 사람들이 인터넷을 사용하면서 웹상에 남겨 놓는 다양한 디지털 기록을 일컫는 말로, 디지털 기록을 뜻하는데 '디지털 흔적', '디지털 풋프린트'라고 말합니다. 아이들에게 자신들이 남긴 이 '디지털 발자국'이 결국은 돌고 돌아 자신의 뒤를 따라잡을 것이라는 것을 분명하게 상기시켜야 합니다.

 몽골에는 칼로 인한 상처는 아물어도 말로 인한 상처는 아물지 않는다는 속담이 있습니다. 여기에 덧붙여 말로 인한 상처가 아물지 않는다면 글로 인한 상처는 더 깊고 강력하게 새겨집니다. 특히 스마트폰으로 수많은 소통이 이루어지는 현재의 학생들에게서 사이버상에서 집단적으로 각인을 남기는 폭력은 그 심각성이 더 크다고 보아야 합니다.

 학생들이 스마트폰을 아예 사용하지 않을 것이 확실한 이상 단순히 심의위원회의 조치만으로는 재발하지 않을 것이라는 기대가 크지는 않습니다. 바꾸어 말하자면 피해 학생이 쉽게 그 상처에서 벗어날 수 있을 것이라는 기대가 크지 않다는 말입니다. 행위 학생들에 대한 일회적인 조치가 순간적인 효과는 있을 수 있겠지만, 글로 쓰이고 캡처된 화면들은 언제 어디서든 다시 등장하여 피해를 상기시킬 가능성이 항상 존재합니다.

이런 의미에서 사이버폭력으로 인해 받은 상처를 다시 회복하는 것은 어찌 보면 우리가 미처 가 보지 못한 길일 수도 있습니다. 그 방법에 대해서도 우리 사회가, 우리 어른들이 갖고 있지 못한 것도 사실입니다. 분명한 것은 과거에 발생하여 현재까지 이어지는 고통이 앞으로도 계속된다면 행위 당사자들의 책임은 거기에까지 미쳐야 한다는 것입니다. 그것은 어른들이 대신해 줄 수 없는 부분이며 행위 학생들의 자발적인 책임과 최대한 원상을 회복시키려는 의지가 중요할 것입니다.

사례에서 민철이와 단톡방의 친구들은 자신들의 행위의 위험성을 최초로 배웠습니다. 아이들 모두는 보호자인 엄마, 아빠와 함께했고 처음에 피해자를 탓했던 보호자들은 자기 아이의 행위의 위험성을 역시 처음으로 인정하고 교육의 필요성을 절감했습니다.

욕쟁이 찬호는 욕을 '디스코드'를 통해 게임을 하면서 충북의 중학생 형한테 배웠다고 했습니다. 찬호의 엄마는 '디스코드'란 것도 처음 알았고, 찬호가 한 욕도 처음 알았습니다.

의사소통 기법에 날이 선 단어, 상대를 상처 주는 말을 '가시'라고 하고 상대에게 들려줄 때는 이 가시를 빼서 들려줘야 한다는 것이 있는데 이를 '가시빼기'라고 합니다. 때때로 조정자는 가시를 빼지 않고 들려주기도 합니다. 아이가 다른 아이에게 칼날처럼 휘둘렀던 말이 어떤 말이었는지 보호자는 알 필요가 있기 때문입니다.

조정자는 찬호가 있는 자리에서 엄마에게 하나하나 찬호의 욕설을 찬찬히 읽어 주었고 엄마는 듣기 거북하다며 멈춰줄 것을 요청했습니다. 조정자는 초등학교 3학년인 어떤 누군가는 이것들을 폭탄처럼 읽어야 했고 그 옆에 그 아이의 엄마도 함께 있었다고 설명하면서 찬호의 엄마는 이것을 들어야 할 의무가 있다고 설명했습니다. 엄마는 고통스럽게 들었고 찬호는 불안한 눈빛을 굴리다가 끝내 울음을 터뜨렸습니다.

그때에서야 찬호는 비로소 초등학교 3학년으로 돌아왔습니다.

Part 3

학부모가 알아야 할 **절차와 기구**[1]

---

[1] 교육부, 「2023년도 개정판 학교폭력 사안처리 가이드북」

학부모가 알아야 할 절차와 기구

1. 학교폭력 ('학교폭력예방 및 대책에 관한 법률')

제1조(목적)에는 〈피해 학생의 보호, 가해 학생의 선도·교육 및 피해 학생과 가해 학생 간의 분쟁 조정을 통하여 학생의 인권을 보호하고 학생을 건전한 사회구성원으로 육성함을 목적으로 한다〉고 규정되어 있습니다.

모든 법에서 제2조 이후의 모든 조항은 제1조 목적에 반하여 해석될 수 없습니다. 그러므로 심의위원회를 위한 조치 결정 역시 가해 학생을 처벌하기 위해서라기보다는 선도와 교육을 목적으로 한다는 것을 분명히 아우르고 있다고 보아야 합니다. 법의 이러한 목적에 비추어 가해 학생을 격리시키려 하거나 응보적 관점에서 보고자 하는 것에서 벗어나서 아직 성장하고 있는 우리 아이들을 올바른 성인으로 키워낼 책임이 우리 사회에 있다는 것을 천명한 것으로 보아야 합니다.

제2조(정의)에서는 "학교폭력"을 〈학교 내외에서 학생을 대상으로 발생한 상해, 폭행, 감금, 협박, 약취·유인, 명예훼손·모욕, 공갈, 강요·강제적인 심부름 및 성폭력, 따돌림, 사이버 따돌림, 정보통신망을 이용한 음란·폭력 정보 등에 의하여 신체·정신 또는 재산상의 피해를 수반하는 행위〉로 규정하고 있습니다.

법에서는 학교폭력에 해당하는 행위를 열거적으로 규정하고 있습니다. 물론 '신체·정신 또는 재산상의 피해를 수반'한다면 열거된 행위 유형이 아니더라도 학교폭력으로 인정될 여지는 있습니다. 하지만 우리 사회에서 굵직한 학교폭력 사안이 발생할 때마다 학교폭력의 열거조항을 추가한 것으로 비추어 보아 아마도 대부분 인정되는 행위 유형은 열거된 조항으로 한정되어 해석될 가능성이 많고 이것은 아마 현장에서도 그대로 적용되고 있습니다.

실제 학교폭력 사안 조사서에 따르면 행위 유형이 위에 열거된 유형을 벗어나서 새롭게 규정되어 있지 않은 것이 실정입니다.

유념해야 할 점은 '학교 내외에서 학생을 대상으로' 발생했다면 학교폭력으로 본다는 점입니다. 학생이 피해자이면 가해자가 학생이냐 성인이냐 여부에 관계없이 학교폭력으로 규정하고 있습니다. 다만 학생이 가해자일 때와 성인이 가해자일 때는 이후 처리 절차에 있어서 달라지게 됩니다.

2. 전담기구

학교폭력에 대해 신고가 접수되면 전담기구가 구성됩니다. 전담기구는 학교장이 구성권자이며 교감, 학교폭력 책임교사, 상담교사, 보건교사, 학부모 등으로 구성됩니다. 이 중 전체 구성원의 1/3 이상은 학교에 재학하는 학생의 학부모로 구성되어야 합니다.

전담기구는 학교폭력의 사안을 접수하고 72시간 이내 피해 학생으로부터 가해자(교사 포함)를 분리하며, 48시간 이내 관할교육지원청으로 보고해야 합니다.

또한 사안 조사를 위해 관련 학생 면담 조사, 보호자 의견 확보, 객관적 입증자료를 수집하고, 학교장 자체해결이 가능한 사안인지 여부를 심의합니다.

또한 가해 학생 조치사항 중 생활기록부에 기재된 4호, 5호, 6호, 8호에 대해 삭제 여부를 심의하는 역할을 담당합니다.

학부모 구성원이 회의에 참석할 것인가 여부는 필수적이지 않으며 사안의 경중 및 특성에 따라 학교가 자체적으로 판단하는 것으로 하고 있습니다.

3. 학교장

학교장은 사안을 인지한 경우 특별한 사정이 없으면 지체 없이 피해 학생의 의사를 먼저 확인하여 가해자(교사 포함)와 피해 학생을 분리하여야 하며 그 기간은 최대 3일 72시간 이내여야 합니다. 분리는 학교 내 별도 공간이나 외부기관을 활용하여 분리하며 이 경우는 출석이 인정되는 결석으로 처리됩니다.

만약에 쌍방이 서로 피해를 주장하고 있다면 관련 학생 모두 즉시 분리의 대상이 될 수 있습니다.

학교장에게는 이 외에도 긴급조치를 할 수 있는 권한이 있습니다.

피해 학생의 보호를 위해서는 1호(심리상담 및 조언), 2호(일시보호), 6호(그 밖에 필요한 조치)를 할 수 있으면 긴급조치를 내린 경우 학교폭력대책심의위원회에 보고해야 합니다.

가해 학생 선도를 위해서는 1호(서면사과), 2호(접촉 협박 및 보복행위 금지), 3호(학교에서의 봉사), 5호(특별교육이수 또는 심리치료), 6호(출석정지)의 긴급조치를 내릴 수 있습니다. 가해 학생에 대한 긴급조치인 경우 심의위원회의 보고만으로는 부족하고 심의위원회의 추인을 필요로 합니다. 다만 추인이 되지 않더라도 그 사유가 인정된다면 문제되지는 않습니다.

피해학생의 상담을 위해 각 교육청에서는 전문심리상담기관과 연계하여 심리상담을 지원하고 있습니다 형식적으로는 학교에서 상담기관으로 심리상담 신청서를 작성하고 공문을 발송하는 방식으로 이루어집니다.

4. 학교장 자체해결

모든 학교폭력 사안이 심의위원회의 조치를 받는 것은 아닙니다. 대체로 경미한 사안인 경우 학교의 교육력을 유지시키고 학생 간의 갈등을 자체적으로 해결하는 것이 당사자에게도 긍정적이라는 판단 하에 학교장 자체해결제를 두고 있습니다. 학교장의 책임하에 해당사안을 종결하고 학교와 학생들이 변화와 개선을 위한 노력을 하겠다는 약속입니다.

다만 학교장 자체해결이 이루어지기 위해서는 전제조건이 필요한데 첫째는 피해 학생 측이 심의위원회 개최를 원하지 않고, 둘째 경미한 사안에 해당하여야 합니다.

해당 사안이 '경미한지의 요건'은 다음과 같습니다.
1. 2주 이상의 신체적(정신적) 치료가 필요한 진단서를 발급받지 않은 경우,
2. 재산상 피해가 없거나 즉각 복구된 경우,
3. 학교폭력이 지속적이지 않은 경우,

4. 학교폭력에 대한 신고, 진술, 자료 제공 등에 대한 보복행위가 아닌 경우

경미한 사안에 해당하더라도 피해 학생 측이 동의하지 않으면 심의위원회를 개최하여야 하며, 피해 학생이 동의하더라도 경미한 사안 요건을 충족하지 않으면 역시 심의위원회를 개최하여야 합니다. 다만 경미한 사건인지 여부에 대한 해석이 객관적으로 명백하다고 할 수는 없습니다. 해당 학교의 주체적인 판단, 행위의 태양, 행위 이후 당사자 간의 관계 등에 비추어 형식적으로는 4가지 요건을 충족하는 여부가 모호한 경우라도 피해 학생이 학교장 자체해결에 동의하는 경우에는 적극적으로 해석을 해야 할 필요가 있습니다. 피해 학생이 원치 않는데도 불구하고 조치를 결정하는 심의위원회로 이관된다면 조치 이후 양 당사자 간의 관계가 회복하기 더 어려울 것으로 보이기 때문입니다.

다만 피해 학생이 자체해결에 동의하는 것은 진지한 자신의 결정이어야 합니다. 이런 의미에서 가해 추정 학생의 영향력 하에 피해 학생이 결정하거나 혹은 사안 조사과정에서 학교 측의 자체해결에 대한 강요 등으로 동의한다면 그 동의는 진정한 것이라 간주할 수 없으며 이런 경우 심의위원회로 이관하는 것이 타당합니다.

학교장 자체해결로 종결된다는 것이 학교폭력이 아니라는 것을 의미하지는 않습니다. 학교폭력이긴 하지만 교육적 차원에서 학교가 해

결하겠다는 표현일 뿐입니다. 자체해결에 동의하고 그렇게 종결되었다면 원칙적으로 심의위원회 개최를 요청할 수는 없습니다.

단 예외적으로 경미 요건 중 하나인 피해 학생의 재산상 피해 복구(신체, 정서 등) 약속을 이행하지 않았거나, 조사과정에서 미처 확인되지 않았던 사실이 추가적으로 확인된 경우는 심의위원회 개최를 요청할 수 있습니다.

주의할 점이 있습니다. 집단 사안에서 피해 학생이 한 명이고 가해 학생이 여러 명인 경우 모든 학생이 자체해결 요건에 해당되어야만 학교장 자체해결로 종결이 가능합니다. 그러니까 가해 학생이 4명인데 이 중 3명만 자체해결 요건을 충족하고 있다면 나머지 한 명 때문에 자체해결은 불가능해지면 이 경우는 심의위원회를 개최하여야 합니다. 이런 이유로 여러 명의 학생이 행위에 가담한 경우 자발적인 문제해결을 위해서는 자기 자신만의 인정과 노력으로는 충분하지 않고 행위를 같이 한 친구들의 노력도 함께 필요하다고 할 수 있습니다.

학교장 자체해결을 할 것인지 여부를 결정하는 시간은 정해져 있습니다. 사안 인지(접수일)로부터 2주 이내이며 1주에 한하여 연장 가능합니다. 그러니까 최대 3주 이내에 결정이 이루어져야 합니다.

당사자의 수가 적다면 주어진 기간이 짧다 할 수는 없을 것입니다. 하지만 당사자의 수가 많은 집단 사안이거나 보호자 간의 의견 충돌이 발생하는 경우, 또는 대외적 여건 등으로 인해 그 의견수렴이 어려운 경우 등이 생각보다 많이 존재합니다. 또한 자체 '해결'한다는 것은 형식적으로 요건을 만족하는 것으로 끝나는 것이 아니라 '해결'을 위해 학교가 양 당사자의 의견 차이를 좁히는 등의 노력이 필요함을 의미합니다. 이런 점들을 감안하여 본다면 주어진 2주(최대 3주)의 시간은 '해결을 위한 시간'으로는 충분한 시간이라고 할 수는 없을 것 같습니다.

물론 법률적 관점에서 보자면야 당사자의 권리구제가 너무 늦지 않게 이루어져야 할 것에 대해 고려했겠지만, 법 제1조 목적이 교육적 관점에서 구성되어 있는 것을 감안한다면, 학교에서 해결할 수 있는 가능성을 그 기간으로 인해 원천적으로 제한하고 있다는 점이 아쉽게 다가옵니다.

5. 학교폭력대책심의위원회

학교폭력 사안이 학교장 자체해결로 마무리되지 못하면 지역교육지원청에 있는 학교폭력대책심의위원회가 개최됩니다. 학교가 심의위원회 개최요청공문을 보내면 접수된 날로부터 3주 이내에 열어야 하며 1주간 연장 가능합니다. 그러니까 접수 후 최대 4주 이내에 개최하여야 하지만, 학교폭력 심의가 기존의 학폭위(학교폭력대책자치위원회)에서 교육청의 심의위원회로 이관된 이후 심의 사안이 폭증하는 기간에는 종종 기간이 길어질 수는 있습니다. 이는 지원청의 늑장이라기보다는 현실적인 한계라고 보아야 할 것 같습니다.

당사자에게 심의위원회가 개최되는 것에 대한 통지는 충분한 시간(대략 10일 전)을 두고 서면으로 통보하는 것을 원칙으로 하며 전문가의 의견을 청취할 수도 있습니다. 이 경우 개최 5일 전까지는 전문가의 의견을 요청하는 의사 확인서를 제출하여야 합니다.

심의위원회는 1. 피해추정 측의 의견 청취, 2. 가해 추정 측의 의견 청취, 3. 참고인(전문가) 의견 청취, 4. 피해 학생 보호조치와 가해 학생 선도조치 심의 의결, 5. 학교장 긴급조치 추인 여부 의결, 6. 조치 결정 통보, 7 조치이행 요청의 순으로 진행됩니다.

인구수가 적은 지역인 경우는 심의위원회에서 진행하지만, 전주같이 인구가 많은 경우는 심의위원회 산하에 다시 소위원회를 두게 되는데 대략 5에서 10명 내외로 구성됩니다. 형식적으로 심의위원회가 소위원회에 심의를 위임하고, 소위원회는 심의와 의결을, 그리고 그것을 다시 심의위원회에 보고하는 방식으로 이루어집니다.

전체 심의위원의 1/3 이상은 해당교육지원청 관할구역 내 소속 학교 학생의 학부모로 위촉되어야 합니다.

심의위원은 당연하게 심의위원회에 들어갈 수 없는 사유가 있거나(제척), 혹은 스스로 참석해서는 안 된다고 판단하는 경우(회피), 또는 당사자의 신청(기피)으로 심의위원회에 참석하지 못할 수 있습니다.

기피 신청은 서면으로 하여야 하나 다만 당사자가 해당 위원이 기피 대상인지 여부를 사전에 인지하지 못할 가능성이 크기 때문에 참석 당일 구두로 기피 신청을 한 경우는 정회 후 기피 여부를 결정하고 회의를 속개하게 됩니다.

사안을 심의하고 조치가 결정이 되면 그 통보는 피해 학생에게는 7일 이내, 가해 학생인 경우 14일 이내에 서면으로 통보해야 합니다.

가해 학생인 경우 결정일로부터 3개월 이내에 조치를 이행해야 합니다. 사안이 접수된 때부터 가해 학생이 조치를 이행하기 전까지는 원칙적으로 학적 변동에 제한이 생깁니다. 그러니까 자발적으로 전학을 가려 해도 조치를 이행한 후에 전학을 가야 한다는 의미입니다. 만약 이행하지 않고 거부하거나 기피하는 경우 교육지원청 미이행 명단에 보고되며 교육지원청은 해당 학생 및 보호자에게 1개월 이내에 이행할 것을 요청하고 이행하지 않을 경우 추가조치에 대한 고지가 이루어지게 됩니다.

6. 심의위원회의 조치

심의위원회의 조치는 다음과 같습니다.

- 1호(서면사과)
- 2호(접촉 협박 및 보복행위의 금지) - 정보통신망을 이용하는 행위를 포함합니다. 말하자면 사이버수단을 이용한 보복이나 협박 등도 금지행위에 해당합니다. 다만 접촉금지가 해당 학생을 격리하고자 하는 조치는 아니며 의도적으로 가까이 가는 것을 금지하는 것입니다. 때문에 수업권을 보호하기 위해서도 정상적인 학사일정을 수행할 수 있도록 보장해야 합니다.
- 3호(학교에서의 봉사) - 교내봉사도 수업권을 보장하는 범위 내에서 이루어져야 합니다.
- 4호(사회봉사) - 교외의 봉사이지만 출석으로 인정됩니다.
- 5호(특별교육, 심리치료) - 학교 밖의 활동이지만 역시 출석으로 인정됩니다. 다만 특별교육과 심리치료를 동시에 내릴 수 없으며 심리치료인 경우 심리상담 전문가의 의견을 청취하는 등 신중하게 결정하여야 합니다. 학생이 특별교육 조치를 받는다면 보호자에게도 특별교육이 부과되면 이수하지 않는다면 300만 원 이하의 과태료가 부과됩니다.
- 6호(출석정지) - 출석을 정지시키는 조치이기 때문에 출석으로 인정되지 않습니다. 하지만 등교를 정지시키는 조치는 아닙니다. 학교는 출석정지 기간 내에 자율학습 등 필요한 교육방법을 마련하여야 하며, 원하는 경우 가정학습도 가능합니다.
- 7호(학급교체)
- 8호(전학) - 전학 조치를 받는 경우 동일지역 및 동일계열에 배정

하는 것을 원칙으로 합니다. 상급학교로 진학하는 경우에도 피해학생을 선배정하고 가해 학생을 후배정하는 방식으로 분리배정하게 됩니다.
- 9호(퇴학) – 의무교육에 해당하는 초등학생과 중학생인 경우 퇴학 조치는 내려지지 않습니다.

7. 행정심판

행정심판은 행정청의 위법 부당한 처분이나 부작위로 권리 또는 이익을 침해받은 국민이 이를 회복하기 위하여 행정기관에 제기하는 권리구제 제도입니다. 학교폭력과 관련해서는 심의위원회의 조치 결정이 행정청의 처분에 해당합니다.

이전의 학폭위는 단위학교 내에 있었기 때문에 국립이냐, 사립이냐에 따라 불복절차가 달랐지만, 지금은 교육지원청 산하의 심의위원회에서 일괄적으로 학교폭력 조치 여부를 심의 의결하기 때문에 모두 행정청의 처분이 되는 것입니다.

조치 결정에 대해 받아들일 수 없는 당사자는 조치 결정을 통보받은 날부터 90일 이내에 도교육청 교육행정심판위원회에 행정심판을 청구할 수 있습니다.

다만 행정심판을 청구했다고 해서 이전에 결정된 조치의 효력이나 절차의 속행에 영향을 주지는 않습니다. 조치이행 등 집행을 멈추기 위해서는 별도로 집행정지를 청구하고 행정심판위원회에서 그것을 '인용'하는 결정이 따로 필요합니다.

또한 행정심판 청구와는 별도로 생활기록부에는 결정된 조치를 기재해야 합니다. 교육행정심판위원회는 인용, 기각, 각하의 결정을 내리게 되는데 만약 청구를 인용하여 행정심판위원회의 결정으로 처분이 변경된 경우 학교장은 생활기록부를 정정하고 변경조치를 이행해야 합니다.

8. 행정소송

또 다른 불복절차의 하나로서 행정소송이 있습니다. 이는 행정청의 위법 부당한 처분이나 그 밖에 공권력의 (불)행사 등으로 인한 국민의 권리 또는 이익의 침해를 구제하고 해결하기 위해 법원이 행하는 재판 절차입니다. 그러니까 교육청이 아니라 행정소송법에 따라 법원에 제기하는 절차입니다.

행정소송은 별도의 기관을 대상으로 하기 때문에 행정심판을 거치지 않고 바로 제기할 수도 있습니다. 조치의 처분이 있음을 안 날로부터 90일 이내에 제기하여야 하며, 만약 행정심판을 거쳤다면 교육행정심판위원회의 재결서 정본을 송달받은 날로부터 90일 이내에 제기할 수 있습니다.

소송의 당사자로서 원고는 학생 및 법정 대리인(보호자)이 되며, 국공립학교인 경우는 학교장 및 교육장이 피고가 됩니다.

다만 사립학교인 경우는 행정기관의 행사 등으로 보지 않아 행정소송을 제기할 수는 없고 학교장을 상대로 민사소송을 제기하여야 합니다.

9. 성 관련 사안

학생과 관련하여 성 관련 사안이 발생했다면 '아동 청소년 성보호에 관한 법률'에 의거 엄정 대처하는 것이 원칙이며 반드시 수사기관에 신고하여야 합니다. 설령 피해 학생 측이 신고를 원하지 않아도 즉시 신고하여야 합니다.

피해 학생의 심리적 안정을 위하여 동성 조사자에게 조사받을 수 있도록 지원하며, 만약 진술을 거부할 경우에 강제적인 조사로 인해 2차 피해를 주지 않도록 주의하도록 되어 있습니다.

만약 교직원에 의한 학생 성인권 침해가 발생한 경우 기초조사결과에 따라,

학교는 성고충심의위원회를 개최하고 재발방지대책을 수립하며 피해 학생에게 심의위원회 개최 의사를 확인해야 합니다.

시도교육청마다 대응 절차가 다를 수 있지만 대체로 학생인권교육센터 등에서 직권 조사와 특별인권교육을 수행합니다.

학생인권심의위원회에서는 직권조사 결과를 심의 및 의결하고 권고 결정과 통보를 하게 됩니다.

10. 학생생활교육위원회

학교 내에 학생의 생활규정 위반행위를 한 학생에 대해 교육적 조치를 심의 의결하는 기구이며 일명 선도위원회로 알려져 있습니다. 생활규정 위반을 다루므로 학교폭력으로 인한 가해 학생 조치를 심의 의결할 수 없으며 이는 학교폭력대책심의위원회의 관할입니다.

생활교육위원회가 내릴 수 있는 조치로는 교내봉사, 사회봉사, 특별교육, 출석정지(1일 10일 이내, 연간 30일 이내), 퇴학 처분 등이 있으며, 2개 이상을 병과할 수 없고 한 개의 조치만을 내릴 수 있습니다.
이들 조치에 대해서도 불복절차가 마련되어 있는데,
국공립학교의 경우 교내봉사부터 출석정지까지는 교육청행정심판위원회에, 퇴학처분인 경우는 학생징계조정위원회에 청구하면 되고
사립학교인 경우는 그 성격상 교내봉사부터 출석정지까지는 민사소송으로, 퇴학처분에 한해서 학생징계조정위원회에 재심을 청구할 수 있습니다.

11. 교권보호위원회

교원지위법에서 규정하고 있는 교육 활동 침해 행위를 한 학생의 교육적 조치를 심의 의결하는 기구이며 매스컴을 통해서 그 심각성이 많이 보도되고 있습니다.

교권보호위원회에서 내릴 수 있는 조치로는 학교에서의 봉사, 사회봉사, 특별교육 심리치료, 출석정지, 학급교체, 전학, 퇴학이 있습니다.
불복절차는 생활교육위원회와 비슷하게
국공립학교인 경우 학급교체까지는 교육청행정심판위원회에, 전학과 퇴학은 학생징계조정위원회에 청구하면 되고
사립학교인 경우는 학급교체까지는 민사소송으로, 그리고 전학과 퇴학은 학생징계조정위원회에 재심을 청구할 수 있습니다.

12. 학생징계조정위원회

학생생활교육위원회 또는 교권보호위원회에서 전학 및 퇴학 조치를 받은 학생이 재심의를 받기 위해 도교육청에 제기하는 권리구제 제도를 말합니다.
그러므로 학교폭력대책심의위원회에서 전학이나 퇴학조치를 받은

경우는 징계조정위원회가 아니라 행정심판을 청구해야 합니다.

　청구기간은 해당조치가 있음을 알게 된 날로부터 10일 이내, 조치를 받은 날부터 15일 이내여야 하며, 행정심판과 다른 점은 별도의 집행정지 신청이 없어도 재심을 청구한 날부터 30일 동안은 집행(효력)이 정지됩니다.

　전학이나 퇴학인 경우 일단 그 처분이 집행된 후 나중에 취소하게 되면 당사자에게 회복하기 어려운 피해가 발생할 수 있음을 전제로 했다고 보입니다.

13. 교육인권센터(교직원에 의한 학생 인권침해 사안)

　만약 교직원이 학생의 인권을 침해했다고 신고가 됐다면 학교는 초기 대응으로 48시간 이내에 교육지원청과 교육인권센터에 보고하여야 합니다. 교육인권센터에서는 사안 조사를 하게 되고 이 기초조사 결과에 따라

　학교는 자체적인 보호조치와 재발 방지 대책 수립, 그리고 피해 학생에게 심의위원회의 개최 의사를 확인하며,

　교육인권센터는 직권조사와 특별인권교육을,

　학생인권심의위원회에서는 직권조사에 대한 심의와 의결을 하고 권고를 결정하고 통보합니다.

14. 관계회복을 위한 조정지원단(회복적 조정)[1]

회복적 조정을 학교에서 신청하는 경우 그 기한은 기본적으로 심의위원회 개최일 전까지입니다. 심의위원회에서 분쟁 조정을 신청하는 경우는 조정 개시일로부터 1개월 이내에 마무리해야 합니다.

그런데 만약 학교에서 신청하여 진행 중이던 회복조정 중에 심의위원회 개최일이 도래한 경우에 심의위원회는 예정대로 개최하며, 다만 심의위원회는 회복조정 진행 중인 것을 감안하여 조치 유보를 결정합니다. 그리고 이때부터 1개월의 회복조정 기간이 부여되며 조정이 종료되면 심의위원회를 재개최한 후, 회복조정 결과를 고려하여 관련 학생 조치 및 학교장 자체해결 권고 등을 결정할 수 있습니다.

15. 생활기록부 조치 기재

가해 학생에 대한 심의위원회의 조치는 가해 학생 조치결정통보 공문을 접수한 즉시 생활기록부에 기재하는 것이 원칙입니다. 행정심판으로 조치가 변경되거나 취소된 경우에도 기재 일자는 그대로 두고 변경된 조치만 정정하여 기재합니다.

---

[1] 관계회복(학교폭력예방법 시행령 제14조의3(학교의 장의 자체해결))과 분쟁조정(학교폭력예방법 제18조)에 따라 각 시도교육청에서는 조정지원단을 구성, 연수, 운영하고 있다. 각 교육청마다 지원단의 명칭은 다르지만 회복적 정의에 근거한 조정을 수행하면서 교육철학 담론을 실천하고 있다.

다만 1호(서면사과), 2호(접촉 협박 및 보복행위의 금지), 3호(학교에서의 봉사) 조치에 한하여 일정한 조건 하에 기재가 유보될 수 있습니다.

첫 번째 조건은 결정한 조치를 이행 기간 내에 완료해야 합니다.

두 번째 조건은 동일 학교 급(초등학교는 조치를 받은 날로부터 3년간)에서 다른 학교폭력으로 조치를 받지 않아야 합니다.

그래서 만약 이행 기간 내 조치를 이행하지 않거나, 다른 학교폭력 사안으로 조치를 받은 경우 기재 유보된 조치를 소급해서 기재하고 새롭게 추가된 조치를 모두 입력해야 합니다.

다만 이행 기간 만료 전이라도 행정심판에서 이전 집행(효력) 정지 인용결정을 받았다면 조치를 미이행했을 경우에도 생활기록부 기재는 유보됩니다.

기재된 조치 중 1호(서면사과), 2호(접근금지 등), 3호(교내봉사)는 전담기구의 심의 없이 졸업과 동시에 생활기록부에서 삭제됩니다.

4호(사회봉사), 5호(특별교육, 심리치료), 6호(출석정지), 7호(전반 조치)는 졸업일로부터 2년 후 삭제를 원칙으로 합니다. 다만 졸업 직전에 전담기구 심의를 거쳐 졸업과 동시에 삭제 가능한데 여기에도 조건이 있습니다. 동일 학교 급에서 다른 사안으로 가해 학생 조치를 받은 사실이 없고 조치 결정일로부터 졸업학년도 2월 말일까지 6개월이 경과된 경우라야 합니다. 또한, 삭제를 위한 심의 시에는 피해 학생과의 관계 회복 정도를 담임교사, 상담교사, 전문가 등의 의견과 증빙자료를 기반으로 엄격하게 심의하도록 할 예정입니다.

8호(전학) 조치의 경우 2023년 3월 1일 교육부령 개정으로 졸업 시 중간 삭제 제도가 폐지되었으므로 졸업 후 2년간 조건 없이 보존합니다.

16. 소년 사건

만 10세 미만의 소년에 대해서는 보호처분이나 형사 처벌할 수 없습니다.

만 10세 이상 14세 미만인 촉법소년은 보호처분은 가능하지만, 형사처벌을 할 수 없습니다.

만 14세 이상 19세 미만인 범죄소년은 보호처분과 형사처벌 모두 가능합니다.

보호처분은 그 소년의 장래 신상에 어떠한 영향도 미치지 아니하며, 보호자 감호 위탁에서 소년원 송치까지가 포함됩니다. 그러니까 만 10세가 넘으면 소년원에 갈 수 있다는 말입니다. 다만 촉법소년이 받는 보호처분 등은 범죄기록으로 남지 않습니다. 하지만 14세 이상의 범죄소년이 형사처벌을 받는다면, 예를 들어 소년 교도소에 입소하게 된다면 그것은 전과기록으로 남게 됩니다.

17. 아동학대

아동학대는 보호자를 포함한 성인이 아동의 건강 또는 복지를 해치는 행위, 정상적 발달을 저해할 수 있는 신체적 정신적 성적 폭력이나 가혹행위, 아동의 보호자가 아동을 유기하거나 방임하는 행위로 정의합니다.

다만 18세 미만 소년에게는 아동학대법을 적용하고 18세 이상 소년이 가정에서 폭력피해를 받는다면 가정폭력법, 가정 외 성인에게 폭력의 피해를 받는다면 학교폭력법에 의거해 보호조치를 받을 수 있습니다.

학교폭력은 가해 주체에 대한 제한이 없지만, 아동학대는 보호자를 포함한 성인으로 제한하고 있습니다.

아동학대 범죄는 누구든지 신고할 수 있으며 특히 직무를 수행하면서 아동학대범죄를 알게 된 경우나 그 의심이 있는 경우에는 지자체 아동학대 전담공무원 또는 수사기관에 즉시 신고하여야 합니다. 신고 의무를 지키지 않으면 1천만 원 이하의 과태료에 처해지게 됩니다.

에필로그

교육청에는 학교 내에서의 갈등, 학교폭력 문제 등을 평화롭게 해결하기 위해 드러나지 않지만 최선을 다하는 분들이 있습니다.

전라북도교육청 민주시민교육과, 그리고 수년간 고민을 함께 나누었던 14개 교육지원청의 생활교육 담당 장학사님들과 주무관, 상담사 선생님들께 무한한 감사와 더불어 '함께 걷는 자의 연대'를 전합니다. 무엇보다도 학교에서, 현장에서 아이들과 소중한 시간을 쌓아가고 계신 선생님들께 변하지 않는 존경과 응원을 보냅니다.

표지의 그림은 우리가 흔히 '남극의 신사'라고 부르는 황제펭귄입니다. 유일하게 혹독한 남극의 추위에서 번식하는 황제펭귄은 암컷이 하나의 알을 낳고 수컷이 그 알을 보듬습니다. 알을 낳은 후 아빠에게 알을 넘겨준 엄마 펭귄은 바다로 나가 충분히 먹이를 먹고 새끼에게 넘겨줄 먹이도 저장합니다. 이 기간이 대략 두 달 정도 소요되는데, 여기에는 태양이 제대로 뜨지도 않아 영하 60도까지 내려가는 1개월도 포함됩니다.

  알을 품는 동안 먹지도 않고 수분 정도만 섭취하던 수컷은 알이 부화되면 그간 위 속에 저장해 놓았던 양분을 새끼에게 먹입니다. 엄마가 바다에서 돌아오면 서로 역할을 교대하여 아빠 펭귄이 다시 바다로 나가게 됩니다.

  평균 수영 속도가 시간당 6km를 조금 넘는 펭귄은 새끼에게 줄 먹이를 찾기 위해 최대 500km까지 떨어진 곳까지 헤엄쳐 나갑니다. 이러한 번식과 양육의 초기과정을 거치면서 번식기가 시작될 때 수컷 38kg, 암컷 30kg였던 평균 체중은 그 기간이 지나면 모두 23kg 정도로 수컷 기준으로는 대략 몸무게의 40% 정도가 사라집니다.

  아이를 위한 부모의 절대적인 희생도 물론 배울 만하겠지만, 우리가 더 눈여겨보아야 할 것은 아이가 태어나고 자라는 과정에서 함께하는 어른이 공동으로 책임지려는 모습입니다.

  황제펭귄은 매년 4월 산란기가 되면 천적을 피해 영하 50도, 시속 144km까지 이르는 눈보라가 휘몰아치는 단단한 얼음 지역으로 약 50~120km를 행군합니다. 그 어떤 생명체의 접근도 불허할 것 같은 극한의 환경을 선택함으로써 '천적으로부터의 안전'을 확보한 것입니다. 그런데 가혹한 남극의 추위가 펭귄에게만 너그러울 리는 없습니다.

황제펭귄은 이 혹독함을 어떻게 극복할까요? 수천 마리가 넘는 펭귄들은 동그랗게 무리를 이루어 가장 안쪽에는 새끼들을 두고 서로의 체온으로 공동의 더미를 이루어서 추위를 이겨냅니다. 어느 정도의 시간이 지나면 안쪽에서 몸을 데운 펭귄들이 가장 바깥쪽에서 추위를 이겨내던 펭귄들과 자리를 번갈아 바꿔가면서 공동의 체온으로 살에는 추위를 나누어 갖습니다. 이러한 나눔을 '허들링huddling'이라고 합니다.

이것을 보면 '한 아이를 기르기 위해서 마을 전체가 필요하다'는 말은 사실 사람보다 펭귄에게 더 적절해 보이기도 합니다.

우리 아이들은 계속해서 자랄 것입니다. 그 과정에서 많은 엄혹한 순간들이 또한 있을 것입니다. 삶의 칼바람이 어느 한 아이에게만 몰아치지는 않을 것입니다. 갈등을 겪고 그것을 해결하고 그 과정을 통해 또 다른 단계로 성장하는 것은 아이들에게만 맡겨진 것이 아니라 상당 부분은 우리 어른들의 숙제이기도 합니다.

하지만 모든 부모는 아이가 독립해서 품을 떠나기 전까지 과연 본인이 양육을 적절하게 하고 있는지를 끊임없이 의심하게 됩니다. 그리고 많은 부모는 독립한 아이의 형식적인 결과, 다시 말해 대학입시나 번듯한 직장 여부를 가지고 '객관적으로' 확인할 수 있다고 생각합니다.

명문대 입학이나 의사 자격증의 획득은 물론 좋은 것이겠지만, 그것은 긴 인생에 견주어 보면 찰나의 증거입니다. 오히려 입학과 자격증 이후 아이에게 닥치게 되는 여러 문제적 상황에서 과거에 부모와 함께 나누었던 시간들이 지속적으로 검증받게 됩니다. 모든 것을 부모가 일방적으로 결정하고 문제를 대신 해결해 주는 방식을 선택했다면 때로 그 검증의 시간은 부모에게 가혹하게 다가갈 수도 있습니다.

이런 의미에서 '다 자란' 부모가 아이를 자라게 하는 것이 아닙니다. 아이가 자라는 것은 부모도 함께 '자라는' 것을 의미합니다.

삶의 허들^{hurdle}을 넘는 데에는 공동의 허들링^{huddling}이 필요합니다.

대규모로 이동하던 펭귄이 빙하의 끝에 도착합니다. 바닷속에는 바다표범이나 고래 등 천적들이 그야말로 펭귄들이 뛰어들기만을 기다리고 있지요. 그러나 펭귄은 기어이 그 바다를 건너야 알을 낳고 새끼를 기를 수 있는 건너편 빙하 산란지에 도달할 수 있습니다.

'풍덩'

최초의 펭귄, the first penguin입니다. 공동의 목표를 위해 드러낸 최초의, 어쩌면 최후가 될지도 모르는 거대한 용기가 120cm 그 턱시도 같은 몸집에 담겨 있습니다.

췌장암으로 시한부 판정을 받은 카네기멜론 대학교 랜디 포시 교수는 그의 유작인 책 『마지막 강의』에서 '최초의 펭귄이 될 것'을 강조하면서 빛나는 실패, 장렬한 실패자의 미덕을 거론합니다. 그가 말한 "경험이란 당신이 원하는 것을 얻지 못했을 때 비로소 얻게 되는 것"

은 바로 실패에 대한 이야기입니다.

　실패는 인간의 모든 품성을 나타냅니다. 아이들만이 아니라 어른들도 성공을 통해서가 아니라 실패를 통해서 경험을 획득하고, 내면에 각인시키며, 진정한 배움과 성장을 도모할 수 있습니다.
　어떤 아이도 단 한 번의 위험도 겪지 않고 안전하게 보장된 성공의 길에 도달할 수는 없습니다. 부모가 만들어줬다고 여겨지는 이른바 '꽃길'에도 사실 짧은 꽃 무더기 너머 머지않은 어귀에 수북하게 덤불이 뒤덮여 우리 아이의 걸음을 멈춰 세울 수도 있습니다.
　아이가 거기서 주저앉을 것인가, 혹은 헤쳐나갈 것인가는 결국 부모가 아이와 함께했던 과거의 시간이 가름할 것입니다.
　그래서 사실 부모가 얼마나 진지하게 '기르는' 행위에 임했느냐를 결정하는 것은 아이입니다.
　결국 아이는 부모의 성장판입니다.